PARIS EN 1790

SOUVENIRS DE VOYAGE

Par KOTZEBUE

Traduits et annotés

Par M. Ch. RABANY

(Extraits de la *Nouvelle Revue rétrospective*, année 1894-95.)

PARIS

AUX BUREAUX DE LA *NOUVELLE REVUE RÉTROSPECTIVE*

55, RUE DE RIVOLI, 55

ON TROUVE

Aux Bureaux de la *Nouvelle Revue rétrospective* :

Les vingt volumes formant la collection complète de la *Revue rétrospective* (1884-1894). Voir ci-contre, page 4 de la couverture. — La *Table générale chronologique* se vend séparément. Prix : 1 franc.

UN PROTÉGÉ DE BACHAUMONT. *Correspondance inédite du marquis d'Éguilles* (1745-1748), introduction et index, par PAUL COTTIN. — Un vol. in-12 de CXVI-190 pp. Prix : 5 francs.

MÉMOIRES D'AUGER (1810-1869), avant-propos et index, par PAUL COTTIN. — Un fort vol. in-12 de XXX-690 pp. (Cent exemplaires numérotés ont été mis dans le commerce.) Prix : 10 francs.

L'ANGLETERRE DEVANT SES ALLIÉS (1793-1814). — *Toulon* (1793). — *Anvers et Nimègue* (1794). — *Quiberon* (1795). — *Guadeloupe* (1795). — *Égypte* (1798-1800). — *Naples* (1799). — *Cadix et Cabrera* (1808-1814), par PAUL COTTIN. — Un vol. in-8° de 100 pp. Prix : 2 fr. 50.

PARIS EN 1790

IMPRIMERIE E. CAPIOMONT ET Cie

PARIS
6, RUE DES POITEVINS, 6
(Ancien Hôtel de Thou)

PARIS EN 1790

SOUVENIRS DE VOYAGE

Par KOTZEBUE

Traduits et annotés

Par M. Ch. RABANY

(Extraits de la *Nouvelle Revue rétrospective*, année 1894-95.)

PARIS

AUX BUREAUX DE LA *NOUVELLE REVUE RETROSPECTIVE*

55, RUE DE RIVOLI, 55

PARIS EN 1790,

SOUVENIRS DE VOYAGE, PAR KOTZEBUE

M. Ch. Rabany, docteur ès lettres, vient de publier une étude importante sur *Kotzebue, sa vie et son temps, ses œuvres dramatiques* (1). Il est question dans cet ouvrage de deux voyages que Kotzebue fit à Paris en 1790 et en 1804 et dont il a laissé les relations. La dernière a été traduite par Guilbert de Pixérécourt (2). L'édition est assez rare, mais non pas cependant introuvable. Il en est autrement de la première relation qui n'a pas été traduite en français, à notre connaissance. L'édition originale a paru à Leipzig, en 1791, et forme un petit volume in-12, de 310 pages, qui porte ce titre singulier : *Ma fuite à Paris pendant l'hiver de* 1790 (3).

Sur la feuille de tête, on voit le portrait d'une jeune femme assez jolie, avec cette inscription : « *A la créature la plus douce de son sexe* » (4). Cette personne est la femme de l'auteur : Frédérique de Essen, fille du commandant supérieur de la province russe d'Esthonie, où Kotzebue avait exercé, sous le règne de l'impératrice Catherine II, des fonctions judiciaires.

Madame de Kotzebue mourut en couches, à la fin de l'année 1790, et son époux ne crut pouvoir mieux faire, pour se distraire, que d'aller visiter Paris. L'idée n'est pas mauvaise quand on ne tient pas à rester inconsolable. Elle eut d'ailleurs un plein succès, car, à son retour, l'écrivain se remaria avec une parente de sa première femme. Mais celle-ci mourut comme la première, après quelques années d'union. Ayant déjà éprouvé une première fois l'efficacité du remède, pour se consoler de son second veuvage Kotzebue retourna à Paris en 1804 ; il en revint dans les mêmes dispositions que treize ans plus tôt. En effet, il ne tarda pas à convoler en troisièmes noces.

A la mort de sa première femme, Kotzebue était parti sans

(1) Thèse pour le doctorat. Berger-Levrault, Paris-Nancy 1893.

(2) Souvenirs de Paris en 1804, 2 vol. Paris an XIII, chez Barba.

(3) Meine Flucht nach Paris im Winter 1790 für Bekannte und Unbekannte geschrieben.

(4) Die sanfteste ihres Geschlechts.

attendre même qu'elle eût fermé les yeux. Il ne reçut qu'en route la confirmation de l'événement. Néanmoins, ce singulier époux consacre près de cent pages de son livre à l'étalage de sa douleur; on a cru pouvoir les supprimer sans inconvénient.

Un éditeur allemand, le docteur Paulus Cassel, dans une réimpression récente qui fait partie de la *Bibliothèque des curiosités allemandes* (1), a été plus loin : il a retranché toute la portion du livre relative aux journées qui précèdent l'arrivée de Kotzebue à Paris. La présente traduction a cru devoir respecter cette partie de l'œuvre originale, qui contient des détails intéressants.

Le 12 décembre, à 9 heures du matin, nous arrivâmes à Landau. Si l'on ne savait pas que l'on entre ici sur le territoire français, on s'en apercevrait aussitôt à l'affectation des bonnes manières. Au café, par exemple, on ne fume pas (2). Je m'informai de la clientèle qui fréquentait l'établissement : « Ce sont des officiers », me répondit-on. — Et messieurs les officiers ne fument pas ? — Non, Monsieur. — Ils ne tolèrent même pas la fumée de tabac ? — Non, Monsieur! »

Après une demi-heure de repos, nous reprîmes notre route. Parmi nos compagnons de voyage se trouvait le maire d'un village voisin, qui parla beaucoup de ses fonctions, des décrets de l'Assemblée nationale, des notables, etc. Il n'avait

---

(1) Bibliothek deutscher Curiosa, VI et VII vol. in-12. Berlin, 1883.

(2) Dans la diligence qui avait amené Kotzebue, il s'était trouvé en face d'un officier allemand de la garnison de Mannheim qui, malgré l'étroitesse de la voiture et l'interdiction de fumer « lui avait soufflé sans vergogne la fumée de sa pipe au visage ».

été élu, disait-il, que depuis peu; on était venu en quelque sorte l'arracher à sa charrue, et il n'en était pas peu fier. La conversation ne tarda pas à tomber sur la politique. Il va de soi que nous eûmes bien garde de nous y mêler. Autant chacun paraît mécontent des nouvelles institutions, autant on semble attaché partout à la Révolution... Nous arrivâmes, le soir, à Haguenau, où nous dînâmes dans une vaste salle contenant huit grandes tables autour desquelles nombre de gens étaient en train de boire, de manger et de jouer. Beaucoup même étaient ivres. On s'apercevait, à la gaîté générale, que c'était un dimanche. La patrouille vint bien faire une ronde, mais elle se laissa facilement séduire par un verre de vin, et disparut.

Je demandai à un officier de la garnison de Strasbourg qui voyageait avec nous, en lui montrant la patrouille, si l'uniforme qu'elle portait était celui de la Garde nationale : « *Mon Dieu* (1), me répondit-il d'un ton moqueur, est-ce la première fois que vous le voyez? On le rencontre, maintenant, dans tous les coins ! »

Je jugeai, à cette réponse, que la Garde nationale et l'armée proprement dite ne font pas encore bon ménage ensemble.

Quelques gardes nationaux, assis à la table la plus proche, racontaient comme des exploits héroïques des agressions tentées contre les

---

(1) En français dans le texte.

officiers : tous ces récits avaient pour but de déconsidérer l'armée régulière. Notre compagnon de voyage gardait pendant ce temps un silence prudent, se soumettant ainsi au droit du plus fort.

Le 13. — A six heures du matin, nous continuâmes notre route. Notre société s'était augmentée d'un voyageur. C'était un vieillard décoré de l· croix de Saint-Louis; il avait avec lui un fu· .ı et un chien de chasse. Il nous fit le récit d'un grand nombre d'assassinats, qui avaient eu lieu dans les environs depuis peu. Comme preuve à l'appui, il nous montra des tertres fraîchement élevés, surmontés de croix de bois, que nous rencontrions, çà et là, au bord de la route. Tous ces crimes restent impunis, même lorsqu'on en connaît les auteurs, ce qui ne contribue pas à donner du courage au voyageur et à l'engager à continuer sa route.

Mais que peut craindre celui qui a déjà tout perdu !

Nous arrivâmes, vers midi, à Strasbourg, et nous descendîmes à la *Maison rouge*, qui donne sur la place d'Armes. Ici, tout est *national*. J'ai remarqué, en me promenant, une *Pharmacie nationale* et même un *Chapelier national*...

La garde défila sous nos fenêtres, et la musique me plut beaucoup. Mais une marche militaire ne devrait pas, à mon avis, flatter l'oreille. On aurait pris celles que j'entendis jouer pour des morceaux de concert, plutôt que pour des marches. Un trait qui me parut très français et caractéristique, fut de voir les canonniers porter en uniforme des souliers et des bas; mais il n'y avait pas deux hommes dont les bas fussent de la même couleur.

L'après-midi, nous allâmes faire visite à un libraire, nommé Amand Kœnig. C'est un jeune homme aimable et poli, à qui j'adresse ici mes plus vifs remercîments pour sa complaisance infatigable. Il fait imprimer, dans ce moment, une traduction de ma pièce *Adélaïde de Wulfingen,* due à une certaine madame de Rome, demeurant à Paris. M. Kœnig me permit d'emporter cette traduction chez moi pour la feuilleter, mais la lecture de mon *Adélaïde de Wulfingen*, ainsi travestie, m'a paru des plus plaisantes. Tout est francisé. On découvre, à la fin, qu'Adélaïde est la *fille substituée* (1) du vieux Mistivoi, et, par conséquent, qu'elle n'est pas la sœur de Théobald.

L'auteur de la traduction n'a même pas jugé à propos d'adoucir les invraisemblances les plus choquantes (2).

Je ne comprends vraiment pas qu'on ose

(1) En français dans le texte.

(2) *Adélaïde de Wulfingen, Monument de la Barbarie du treizième siècle. Leipzig*, 1793.

Outre la traduction de madame de Rome, qui a paru à Strasbourg en 1791, il existe encore une traduction française de cette pièce, dans la Collection des chefs-d'œuvre étrangers (Paris, Ladvocat, 1824). *Adélaïde de Wulfingen* est l'une des premières œuvres de Kotzebue. Le drame a pour sujet l'inceste involon-

espérer que cette pièce aura quelque succès sur la scène française. Mais M. Kœnig affirme qu'elle arrive juste au bon moment, parce que les prêtres y sont montrés sous un jour odieux. L'avenir décidera qui a raison de nous deux.

M. Kœnig portait l'uniforme de la Garde nationale, qui a vraiment très bonne apparence. On lit sur les boutons : *La loi et le roi* (1). Je demandai à M. Kœnig si le roi n'était pas là, simplement, pour la rime.

Le 14 décembre, nous montâmes en diligence à six heures du matin, et nous arrivâmes à Paris le 18, à six heures du soir.

Ce voyage est l'un des plus désagréables que j'aie faits de ma vie. Ma douleur me disposait, il est vrai, à tout voir en noir, et je m'irritais souvent, là où, en d'autres temps, je me serais contenté de rire; mais il faut avouer que, sous bien des rapports, j'eus à subir des ennuis vraiment insupportables.

En premier lieu, la réputation de commodité qu'on attribue aux diligences est entièrement usurpée, et mérite, au moins, de fortes restrictions. Elle peut être fondée, quand il n'y a que

---

taire commis par Adélaïde, qui épouse, sans le savoir, son frère Théobald, et qui se tue ensuite de désespoir, avec ses deux enfants. La pièce, bien que l'action se passe en plein moyen âge, est pleine de tirades philosophiques sur la tolérance et contre le fanatisme. Elle a pour principal ressort la trahison d'un prêtre débauché, qui joue un rôle odieux.

(1) En français dans le texte.

quatre voyageurs, ou six tout au plus. Or ces voitures sont destinées à contenir huit personnes, et malheur à celles-ci, quand elles atteignent le nombre réglementaire.

Les voyageurs sont mal à l'aise, lors même que tous sont maigres, mais, s'ils ont quelque corpulence, c'est à en mourir. Ils sont assis trois par trois, au fond et en arrière, plus un à chaque portière. Mais on ne s'est pas inquiété de savoir s'ils ont leurs membres au complet. Si c'étaient des invalides sans bras ni jambes, cela irait encore. On ne sait où mettre ses pieds; toute place vide est déjà occupée par une paire de jambes; les voisins s'appuient sur vos cors, comme sur un escabeau, et vous obligent à retirer les pieds en arrière. On ne peut naturellement rester ainsi indéfiniment, et l'on sent bientôt, dans tous ses membres, une raideur intolérable. A peine a-t-on la place nécessaire pour sortir et pour entrer.

Il est aussi difficile de placer les bras et les mains. Tirer son mouchoir de sa poche est tout un travail qu'on ne peut accomplir sans se mettre en nage, et un coupeur de bourses serait dans l'impossibilité matérielle d'exercer en diligence sa coupable industrie.

Quand on est assis au fond ou en arrière, la presse est insupportable. Ajoutez à cela que vos voisins de droite et de gauche ne sont pas toujours d'une propreté irréprochable, et que leur chevelure porte parfois des traces suspectes. Au moins, quand on est à la portière, a-t-on les bras libres; mais, pour le reste, l'incommodité est plus grande encore, sans compter la crainte de se casser le cou, si la porte venait à s'ouvrir.

Le mélange de tant de respirations étrangères est encore une source de gêne. Il y a, il est vrai, six fenêtres à la voiture. Mais, en cas de mauvais temps, on ne peut en ouvrir qu'une ou deux, ce qui n'est pas toujours suffisant. De plus, il est très désagréable (1) de ne pouvoir ouvrir la porte de l'intérieur; on est dans une prison, dans une cage, dont le conducteur peut seul vous délivrer. Celui-ci est chargé de mener d'une ville à l'autre une voiture pleine de monde, comme les paysans qui portent au marché un panier plein de poulets, et souvent, après notre arrivée à destination, nous avions encore sept ou huit minutes à attendre, avant qu'on nous rendît la liberté. Cet emprisonnement m'a causé bien des oppressions, car il n'est rien qui me soit aussi pénible que d'être ainsi enfermé.

Si l'on veut satisfaire un besoin (2), il s'écoule un temps effroyablement long avant qu'on puisse appeler le conducteur, avant qu'il entende votre voix, avant qu'il donne au postillon l'ordre d'arrêter, avant que celui-ci descende de son siège et ouvre la porte, avant que tous les

---

(1) Le texte porte : angoissant, *ængstlich*.
(2) L'auteur emploie le mot cru.

voyageurs entassés se soient serrés encore plus fort, pendant un moment, pour laisser passer le malheureux qui souffre mort et passion, et que tous regardent de travers, avant qu'on ait soulevé le strapontin, avant qu'on ait abaissé le marchepied. En vérité, on aime mieux se retenir pendant trois heures, à tout risque, plutôt que de se décider à causer un pareil dérangement.

Il y a des gens qui regardent les rhumes comme bons pour la santé. Celui qui n'en a pas eu depuis longtemps trouvera, en diligence, toute facilité pour en gagner un. Chacun ayant payé sa place a, naturellement, le droit d'ouvrir les fenêtres comme bon lui semble, au moins celles qui sont près de lui. Il vient, souvent, par là, des courants d'air si violents que je m'étonne encore d'en avoir été quitte pour un simple torticolis.

Le dîner est mauvais et cher : de fades bouillons avec du pain trempé, aussi désagréables à la vue qu'au goût, et sans aucune force ; du bouilli filandreux, des légumes souvent cuits à l'huile, tel est le triste menu que l'on paie habituellement un écu de trois francs. Les serviettes et les cuillères sont sales ; on ne donne pas de couteaux, dans la supposition, sans doute, que tous les voyageurs en ont chacun un dans leur poche (ce qui n'est le cas, en Allemagne, que pour les paysans et les bouchers). Le vin est encore ce qu'il y a de meilleur, bien que ce soit un vin ordinaire qu'on appelle *vin de pays*. On le boit partout dans des verres à bière, ce qui me déplaisait fort (1).

J'aurais volontiers donné mon dessert pour un bon morceau de bœuf ou de rôti. Mais, même dans les plus misérables auberges, on sert toujours du dessert à la fin des repas : il se compose de gâteaux secs, de marrons et de fruits.

Je n'ai jamais rien mangé de ma vie de plus mauvais qu'une sorte de pâtisserie appelée *échaudés :* on dirait de l'air solidifié.

Les inconvénients du voyage redoublent encore en hiver. On ne trouve nulle part de poêles, ni de chambres chauffées (2). On nous conduit à la cuisine, où flambe un bon feu de cheminée. Celui qui a la chance de se trouver parmi les premiers arrivants et qui réussit à s'approcher du feu, jouit alors du plaisir de se chauffer, à son choix, la partie antérieure ou postérieure de la personne. Mais, pour les deux à la fois, c'est impossible, et les amateurs de rhumes ne sauraient s'en plaindre.

Ces gens étranges trouvent encore une autre cause de satisfaction dans la nature du sol ; nulle part il n'est planchéié, mais formé de briques qui laissent suinter l'humidité, sans

---

(1) L'usage en Allemagne, dans les pays du moins qui ne produisent pas de vin, est de boire, à la fin du repas, dans de petits verres.

(2) En Allemagne, on se chauffe l'hiver, au moyen de poêles en faïence, à tuyaux recourbés, qui donnent une chaleur égale à toute la pièce. On les trouve aussi en Alsace et en Suisse.

compter les souillures de toutes sortes, déposées par les gens et les bêtes et qui font trébucher ; il faudrait avoir des patins pour être sûr de son équilibre.

La diligence s'arrête pendant deux heures, au milieu du jour ; elle ne devrait pas marcher la nuit, pendant l'hiver, en raison du mauvais état des chemins. Néanmoins, comme on doit arriver à Paris à jour fixe, la voiture marche souvent toute la nuit. Tout au plus s'arrête-t-elle pendant quelques heures pour permettre aux voyageurs de se mettre au lit. C'en est assez cependant pour s'ennuyer, quand on n'est pas d'humeur à changer, du tout au tout, sa manière de vivre, et à se mettre à table, comme la plupart le font, au milieu de la nuit

Quand il arrive que les voyageurs peuvent disposer de cinq à six heures pour se reposer, cela leur est bien difficile. On vous conduit dans une chambre froide, où le vent siffle de tous côtés ; on trouve un lit avec des draps grossiers, dont les pieds sont la partie la plus élevée ; le milieu est enfoncé et la tête très basse. Si, malgré tous ces ennuis, le voyageur réussit à sommeiller quelque peu, grâce à la fatigue, il ne peut dormir par suite du tapage que font ses compagnons de route ou du vent qui mugit dans la cheminée...

Après cette fidèle description générale des diligences, j'en viens maintenant aux détails. De nos compagnons de route, les uns ne nous quittèrent pas depuis Strasbourg jusqu'à Paris, les autres firent seulement, avec nous, une partie du trajet...

A Nancy monta dans la voiture un juif qui, tous les matins, suivant l'usage de sa religion, retroussait ses manches, s'enveloppait les bras, ainsi que la tête, de toutes sortes de choses, et murmurait ensuite sa prière, sans faire la moindre attention à nous.

Un jeune officier, qui se joignit à nous quelques stations plus loin, ne cessa de s'attaquer à ce pauvre homme de la façon la plus insolente. F... était son mot favori : « Avouez, disait-il, que tous les juifs sont des f... coquins » (1). Il répétait cette gracieuseté, et d'autres semblables, à chaque instant. Bientôt je ne puis contenir mon indignation, et je fis connaître, en quelques mots, que je trouvais inconvenant d'attaquer un homme qui ne pouvait se défendre :

« Je suis convaincu, ajoutai-je, qu'il y a d'honnêtes gens parmi les juifs. »

L'officier me regarda avec de grands yeux qui semblaient dire évidemment : « Ah ! ah ! Ce monsieur est sans doute aussi juif ! » Mon intervention aurait pu m'attirer une affaire fâcheuse, mais, par bonheur, l'officier avait, comme cela arrive souvent, plus de jactance que de courage ; il se tut et laissa le juif tranquille. Celui-ci paraissait, d'ailleurs, comme la plupart de ses coreligionnaires, mériter son sort, car il

(1) En français dans le texte.

ne sembla remarquer ni les insultes de ce grossier fils de Mars, ni mes procédés plus humains.

Les autres voyageurs qui se succédèrent dans la voiture ne méritent aucune mention. Ils ne firent rien que contribuer à nous gêner encore davantage, au physique comme au moral...

Le 18, nous quittâmes Château-Thierry. A midi, nous arrivions à Meaux, et enfin, le soir à six heures, nous étions rendus à Paris, fatigués de voyager, et presque de vivre.

Je fus désolé de voir qu'il faisait déjà nuit, mais les boutiques aux étalages pleins de goût et brillamment éclairées des deux côtés de la rue, me causèrent une impression agréable. J'approuvai fort l'habitude d'écrire en grosses lettres, au-dessus des maisons, le nom et la profession des habitants ; on rencontre cet usage dès qu'on franchit les frontières de la France. La plupart des maisons ont, en même temps, une enseigne, et, trait étrange où l'on retrouve l'ostentation française, presque toujours l'enseigne emploie le mot *or : La Pomme d'or. La Boule d'or. Au Lion d'or. A la Clef d'or* (1).

Autrefois, on regardait le goût de nos ancêtres pour les couleurs vives comme la marque de l'enfance d'un peuple. Cet attrait pour l'or ne serait-il pas le signe de la vieillesse d'une nation qui retourne en enfance ? L'*or* est cependant remplacé souvent, aujourd'hui, par les mots :

---

(1) En français dans le texte.

nation et : *national,* qui sont prodigués partout.

J'ai vu même, il y a quelques jours, une maison avec cette inscription : *Traiteur de la Nation :* « Diable ! pensai-je, il ne doit pas être facile de traiter tout un peuple affamé ! »

19 *décembre.* —Nous sommes allés, vers midi, nous promener au Palais-Royal. Schulz l'a si bien décrit, que je n'ai rien de plus à en dire. Il m'a fait plaisir, mais non une grande impression. Les boutiques de Saint-Pétersbourg ne lui cèdent que peu.

Un homme nous invita, en passant, à voir, pour douze sous, un sauvage et une jeune Alsacienne.

Un autre appel attira notre attention sur le *Salon des figures en cire* de grandeur naturelle ; ce spectacle vaut vraiment la peine d'être vu. On trouve ici le roi, la reine, le dauphin et sa sœur, La Fayette, Bailly, Voltaire, Rousseau, Franklin ; les deux célèbres prisonniers, si intéressants par leur captivité, mais si ennuyeux à présent qu'on les a mis dehors, je veux dire Trenk et Latude ; les ambassadeurs indiens qui étaient ici récemment, madame du Barry endormie et à demi-nue, Marie-Thérèse, Clermont-Tonnerre, et Dieu sait qui encore.

La ressemblance est extraordinaire, et ces personnages sont vêtus de leur costume habituel.

Je souris en voyant Rousseau et Voltaire assis amicalement à la même table : pleins d'abandon, ils semblaient se démontrer quelque chose l'un à l'autre.

Rien n'est plus intéressant qu'une promenade devant les cafés du Palais-Royal. De tous côtés sont appendus des avertissements, des affiches, des annonces dont quelques-unes m'ont amusé. En voici un exemple : sur une affiche très humblement rédigée, un domestique du nom d'Octave cherche une place. En outre de sa langue maternelle qui est le français, il comprend l'allemand, l'italien et l'anglais ; il sait coiffer, raser, faire la cuisine, soigner les chevaux, conduire un cabriolet, etc. Que reste-t-il pour cet *etc.* ?

On finit par être excédé, à force d'entendre parler, ici, de la liberté et de tout ce qui s'y rapporte. Notre coiffeur, qui fait aussi partie de la Garde nationale, et qui est zélé démocrate, ne désigne jamais le roi autrement que par ces mots : *Le pauvre homme* (1). Il appelle la reine *la coquine, la misérable femme du roi* (2).

Quand il est de bonne humeur, il dit : *La femme de Louis XVI ;* quand il veut rire, c'est *la femme du pouvoir exécutif* (3). On dit tout haut : « C'est vraiment dommage qu'on ne l'ait pas tuée le 6 octobre, il s'en est fallu de si peu ! »

Le peuple s'inquiète fort de la nouvelle que

(1) En français dans le texte.
(2) *Id.*
(3) *Id.*

l'empereur Léopold va envoyer une armée en France. On a mis, dit-on, un billet sous la serviette de la reine, pour la prévenir qu'on plantera sa tête au bout d'une pique, pour la porter à la rencontre de son frère, si celui-ci ose attaquer la liberté française.

Une scène terrible a eu lieu, il y a quelques jours, à l'Opéra. On jouait *Iphigénie* (1). La duchesse de Biron et quelques personnes des loges voisines applaudirent le chœur.

Chantons, célébrons notre reine...

On cria *bis ! bis !* ce qui arrive rarement à l'Opéra, et, lorsque le chef d'orchestre se fut hasardé à faire répéter le chœur, la duchesse jeta sur la scène une couronne de laurier. C'en fut assez et même trop pour mettre le peuple en fureur.

On se mit à crier, à tempêter ; on osa traiter la duchesse de *catin* (2).

Puis, chacun se précipita dehors pour acheter ou voler des oranges, des pommes, des poires, les unes cuites, les autres crues.

En un clin d'œil la loge fut pleine de ces projectiles, et la pauvre duchesse, couverte de bleus

---

(1) *Iphigénie* fut représentée pour la première fois, à Paris, le 19 avril 1774. Le livret est du bailli du Rollet, qui avait connu Glück à Vienne, où du Rollet était attaché à l'ambassade de France. Ce fut à l'occasion d'*Iphigénie* qu'éclata la fameuse querelle entre les Glückistes et les Piccinistes.

(2) En français dans le texte.

et de meurtrissures, put encore s'estimer heureuse d'en être quitte à si bon compte, car on lui jeta un couteau sans l'atteindre. Quelques spectateurs plus malicieux sans doute que méchants, avaient apporté des verges pour lui donner une verte correction devant toute la salle. Elle eut heureusement la présence d'esprit de rester calme et de laisser la colère populaire s'épuiser. Si elle était sortie de sa loge, on l'eût mise en pièces dans le foyer ; si elle eût fait un geste ou dit un mot offensant, on se fût élancé dans sa loge pour la déchirer.

Enfin, tout redevint tranquille. La duchesse fit réunir toutes les poires, les pommes et les oranges, sans oublier le couteau, et envoya le tout au marquis de La Fayette, en le priant de déposer en son nom, sur l'autel de la patrie, *ces preuves frappantes de la liberté française* (1). Elle a, sans doute, quitté Paris sur-le-champ.

Le chanteur Enné dut, le lendemain, faire humblement amende honorable au public, et fouler aux pieds, devant lui, la couronne de laurier.

On a, tous les jours, des preuve de l'arrogance de la nation. Le cocher de fiacre qui nous ramenait, hier au soir à l'*Hôtel d'Angleterre* où nous demeurons, appela mon compagnon de voyage, en causant : *mon ami*. Celui-ci lui demanda en

(1) En français dans le texte.

riant s'il le croyait réellement son ami : « Bah ! répondit le cocher, *nous sommes tous égaux* (1). »

Notre domestique de louage, qui était allé nous chercher une voiture pour aller à l'Opéra, nous demanda sans façon la permission de monter avec nous à l'intérieur, à cause du mauvais temps.

L'Opéra m'a plu en gros, mais cent détails accessoires m'ont fort choqué. Nous y arrivâmes vers cinq heures ; la salle était déjà pleine, et nous eûmes de la peine à trouver des billets pour le balcon : c'est une sorte de grande loge, aux deux côtés du théâtre. Ces places coûtent dix livres, c'est-à-dire un demi-louis d'or, ce qui est cher à mon avis. Du moins, si pour ce prix, nous avions eu de bonnes places ! Mais non, tout était déjà plein, et nous dûmes nous contenter de voir à peu près la moitié de la scène.

Dans toutes les loges voisines brillaient un grand nombre de charmants visages, mais la plupart étaient artificiels.

Un jeune homme très poli, qui était à côté de moi, me montra une certaine madame Gouverné, laquelle, me dit-il, est la plus belle femme de Paris. Il avait assurément raison, car elle me parut remarquablement belle. Elle avait surtout cette grâce charmante sans laquelle nulle femme

---

(1) En français dans le texte.

ne me plaît. On donnait les *Prétendus* (1), opéra-comique. La musique et les chanteurs étaient excellents, et, ce qui est rare en Allemagne, les chanteurs étaient bons acteurs. Le spectacle se termina par *Psyché* (2), ballet favori du public d'ici.

Mon impression générale ne fut pas très heureuse, mais quelques scènes et les décors m'ont extrêmement plu.

Psyché, debout sur le rocher escarpé, enlevée par Zéphir, et laissant derrière elle, longtemps après avoir disparu, une traînée lumineuse ; Psyché à sa toilette, entourée d'amours qui semblaient surgir de tous côtés ; Psyché prenant les leçons de Terpsichore, tout cela produisit sur mes sens l'impression à la fois la plus vive et la plus douce.

Je n'apprécie pas beaucoup la danse proprement dite, ou plutôt les sauts, les tournoiements, les mouvements de bras et jambes : aussi le *solo* et le *pas de deux* (3) de Vestris, qui représentait l'Amour, m'ont-ils laissé froid. Au contraire, j'ai été charmé par la danse légère de Zéphyr, qui semblait plutôt voler que marcher. Hercule ressemblait à l'homme sauvage que j'ai vu ce matin. Certaines choses m'ont paru déplacées

(1) Comédie lyrique en un acte, paroles de M***, musique de M. Lemoine, représentée à l'Opéra le 2 juin 1789.

(2) *Psyché*, ballet de Pierre-Gabriel Gardel, né à Nancy en 1754, mort à Paris en 1840.

(3) En français dans le texte.

dans un ballet. Par exemple, les tournoiements de Psyché dans les bras d'une douzaine de diables, et sa chute violente du haut d'un rocher dans le Phlégéton enflammé, etc. La danseuse qui faisait Psyché était une ravissante créature et pouvait représenter l'Innocence, avec autant d'illusion que si jamais de sa vie elle n'eût dansé au Grand-Opéra.

Je ne me suis pas encore bien rendu compte si ce spectacle vaut un demi-louis d'or, mais je puis affirmer que je ne voudrais pas, pour dix louis, recommencer la cérémonie de la sortie. Nous étions bien résolus à attendre une demi-heure que la foule se fût écoulée, mais il y avait déjà une heure et demie que nous bâillions au foyer, et la foule était encore trop grande pour songer à appeler nos gens. Exposés de tous côtés à d'affreux courants d'air, nous nous retirâmes dans une loge d'où nous fûmes chassés par l'odeur insupportable des lampes et des lumières qu'on éteignait. Pour surcroît de malheur, notre laquais ne put trouver de fiacre, ce qui prolongea encore notre supplice. Un vent glacial nous transperçait à l'entrée du théâtre. Pauvre malade hypocondre, je me voyais déjà au bord de la tombe.

Enfin, une voiture arriva, et devant une nouvelle preuve de l'impertinence du peuple français, je ne puis retenir un sourire, malgré mes joues glacées : un petit Savoyard s'approcha et réclama un pourboire pour avoir été chercher la voiture.

Je lui dis que mon domestique s'en était chargé. Le Savoyard assura le contraire, et mon laquais finit par avouer que, pour ne pas salir ses bas, il avait envoyé le Savoyard à sa place. Je lui répondis qu'il était libre de faire à cet égard ce qu'il voudrait, mais que c'était à lui à payer. Il le fit, après quelque résistance, et nous partîmes.

A peine avions-nous fait quelques pas, qu'une voix plaintive nous arrêta, et le cocher nous pria de vouloir bien permettre à un monsieur, qui allait aussi du côté du Palais-Royal, d'occuper la quatrième place de la voiture (monsieur le valet de chambre occupait déjà la troisième).

Nous accédâmes très volontiers à cette demande, et un monsieur bien habillé monta avec nous, et fit notre connaissance avec la légèreté propre à sa nation. En un quart d'heure, il épuisa tous les sujets, depuis le cèdre jusqu'à l'hysope.

Nous exprimâmes notre désir d'assister aux débats de l'Assemblée nationale. Il nous dit qu'on ne pouvait y entrer sans billet, mais que lui-même, étant député, se ferait un plaisir de nous en procurer. Nous acceptâmes cette offre avec mille remerciements. Je ne sais pas encore qui était cet homme si poli, car c'est une de mes faiblesses de n'oser demander son nom à personne, pas plus que je ne dis volontiers le mien. Cependant, j'ai donné à celui-ci mon adresse ; j'espère donc avoir de ses nouvelles.

Notre compatriote Schulz demeurait ici dans la maison que j'habite, et il y a laissé un bon souvenir, comme partout où il a passé. L'hôtesse et notre coiffeur, qui était aussi le sien, disent que c'est un « *bon enfant* (1). » Ils croient probablement faire un grand honneur à un Allemand, en l'appelant ainsi.

La nécessité a contraint de faire de l'argent avec du fer-blanc, du cuir et du papier ; on ne trouve plus d'autre monnaie, ici, que des chiffons nommés assignats, qui portent l'effigie du roi. Les moindres sont de deux cents livres : « Que faire de cela ? » demandai-je aujourd'hui à mon banquier, M. Perregaux (2), qui me changeait deux mille livres en cette monnaie muette. Il haussa les épaules : « Nous n'avons rien d'autre. — C'est bien triste. — Fort triste, Monsieur ». Et il me congédia.

Je perdis cinq pour cent au change, et il faut cependant s'y résoudre, car on a mille petites dépenses à faire pour des sommes inférieures à deux cents francs. Je comprends, maintenant, ce que vouloient dire les Savoyards qui, depuis quelques jours, viennent par douzaines à ma rencontre, à l'entrée du Palais-Royal, en criant : « *Voulez-vous de l'argent, Monsieur ?* » (3) et en faisant résonner à mes oreilles leurs bourses pleines ; je croyais à une plaisanterie de leur part.

---

(1) En français dans le texte.
(2) C'était le futur beau-père du maréchal Marmont.
(3) En français dans le texte.

Aujourd'hui, nous sommes allés sur les boulevards voir les *Grands danseurs du roi* (1).

Ce ne sont pas des danseurs et ils n'ont, d'un autre côté, rien de grand que le roi leur maître. Ils ne méritent pas plus leur titre que les archevêques *in partibus* de Chalcédoine, de Tarse et de Jaffa. Pourquoi leur a-t-on donné ce nom ? Dieu seul le sait, car le roi n'a certainement jamais vu ses *Grands danseurs.*

La salle de spectacle serait digne d'une petite ville de province, en Allemagne. L'entrée des premières places coûte trente sous, c'est-à-dire à peu près six fois moins qu'à l'Opéra. Est-ce aussi six fois moins amusant ? Il serait injuste de dire cela. Il est vrai que, lorsque nous entrâmes, vers cinq heures et demie, quelques enfants sales et d'apparence chétive dansaient sur la corde. C'est ce qu'on nomme un divertissement, bien que la chose ne semble divertir personne. Mais je ne veux pas chicaner sur les mots : il en est souvent ainsi dans le monde.

A six heures, le spectacle proprement dit commença. On donnait la *Pêche aux huîtres.*

La pièce a pour sujet l'histoire de quatre femmes qui trompent leurs maris ; le tout était presque indécent, mais la plupart des acteurs jouaient très bien, et avec une légèreté, une finesse, une rapidité, un naturel, une vérité que je n'ai jamais rencontrés sur les scènes alleman-

(1) En français dans le texte.

des les plus renommées. Tout venait à point; aucune hésitation, aucun arrêt. Les mots d'esprit (quoique souvent, il est vrai, d'un goût douteux), abondaient, mais on n'appuyait pas sur les plaisanteries, comme les acteurs allemands ont la malheureuse habitude de le faire. En un mot, le rire ou le sourire venait de lui même sur les lèvres. Chacun savait parfaitement son rôle, et c'était indispensable, car il n'y avait pas de souffleur.

Ces gens savent si bien prendre le ton de la conversation que, dès la seconde minute, on oublie la scène et qu'on se croirait dans un salon.

L'Abbé Court-Dîner suivit la *Pêche aux huîtres:* c'est une petite pièce sans aucun plan, mais qui contient quelques scènes fort drôles, que l'aisance extraordinaire des acteurs rendit fort amusantes.

Vint ensuite une pantomime en quatre actes : *Les Métamorphoses de la fée bienfaisante.* C'est une sorte de comédie à l'italienne, avec arlequin, qui m'ennuya beaucoup, car les décors ne valaient rien et les costumes étaient sales et laids, enfin parce que j'avais vu, en 1782, à Saint-Pétersbourg, le rôle d'Arlequin beaucoup mieux joué.

La représentation se termina par une pièce en trois actes fort immorale : *Les quatre rendez-vous.* Un homme de soixante ans aime la soubrette de sa femme; l'épouse sexagénaire aime le valet de chambre de son mari, etc. L'excellent jeu des acteurs pouvait seul rendre supportable cette farce inconvenante. Il y eut, enfin, une

Fête champêtre, dans laquelle les *Grands danseurs du roi* dansèrent très mal. On n'avait vraiment pas perdu ses trente sous.

Deux filles de joie s'étaient glissées dans notre loge. A cette occasion je dirai, en passant, que je n'en ai jamais rencontré une seule digne de charmer les yeux d'un homme de quelque goût. L'effronterie a marqué de son sceau ces créatures, et à la place de l'amour qu'on pouvait peut-être autrefois, lire dans leurs yeux, quand elles étaient encore innocentes, on ne voit que la fatigue et parfois la souffrance. Un fard épais cache leur pâleur livide, et leurs yeux sans éclat sont largement cernés de noir. Telle est la fidèle image de celles que je vis, ce soir-là, et de beaucoup d'autres encore, car on les rencontre par bandes au Palais-Royal.

Vis-à-vis de nous, une autre fille travestie en homme était assise dans une loge, mais elle s'était arrangée de façon à ce qu'au premier coup d'œil on pût reconnaître son sexe. Elle avait bien fait de s'habiller ainsi, car l'habit bleu et le collet rouge relevait la fadeur de son visage.

Pour en revenir à nos voisines, celles-ci paraissaient avoir jeté leur dévolu sur nous. Elles s'assirent près de nous, sur le devant de la loge, et, comme nous parlions allemand, elles nous prirent, en notre qualité d'étrangers, pour des *nigauds* (1). Elles trouvèrent bientôt un sujet

(1) En français dans le texte.

de conversation. L'une d'elles demanda si nous étions Anglais : « Oui, » répondit mon compagnon de voyage.

Je remarquai que celle qui nous avait adressé cette question, bien que sachant fort bien le français, affectait de parler très-lentement. Je lui en demandai la cause : « Monsieur, me dit-elle, je ne suis pas Française, je suis Allemande (1). » — Et de quelle partie de l'Allemagne ? — De Vienne. »

Le mensonge était amusant, car nous continuions à parler allemand entre nous, et elle nous prenait naïvement pour des Anglais. Je me mordis les lèvres pour ne pas lui éclater de rire au nez. Elle pensait probablement nous inspirer plus de confiance en se faisant passer pour étrangère.

Pendant un instant de silence, je les entendis causer entr'elles de tel traiteur ou de tel restaurateur où l'on pouvait très bien souper. C'était un *Avis au lecteur* (1). Mais je m'en allai tout droit chez moi, et je mangeai tout seul ma modeste compote de pommes.

21 *Décembre*. — Aujourd'hui, un homme doit être roué sur la place de Grève. Je me garderai bien de sortir en voiture cet après-midi, de peur que le hasard ne me conduise dans cet horrible lieu.

J'ai l'habitude de passer quelques heures

(1) En français dans le texte.

chaque matin au Palais-Royal, soit au café de Chartres, où l'on trouve tous les journaux allemands, soit chez le libraire Cussac; parfois aussi, je me mêle à la foule affairée, au milieu des cris assourdissants des crieurs publics ; mes yeux sont distraits par les mille objets que le luxe a réunis dans chaque boutique, et que l'amour du gain sait y disposer de la plus heureuse façon.

Nous sommes allés, ce soir, au théâtre de Mademoiselle de Montausier, au *Palais-Royal*(1). On donnait un petit opéra fait sur le moule habituel; il était pauvre de corps et d'âme, autrement dit : pauvre de paroles et de musique. Le seul rôle comique de la pièce, ou du moins le seul qui fût amusant pour les Français, était celui d'un abbé glouton, qui se plaint, dans un couplet, qu'on ait dépouillé le clergé de ses biens. Ces sortes de plaisanteries sont toujours accueillies avec une joie bruyante par le public.

A cette pièce succéda un petit opéra : *Le Sourd ou l'Auberge pleine* (2).

C'est une comédie ou plutôt une *farce* en trois actes, mais une jolie farce, très bien jouée, et qui aurait certainement du succès en Allemagne. Dans une scène qui se joue dans deux chambres à la fois, le théâtre est très bien dis-

(1) En français dans le texte.

(2) Comédie en trois actes et en prose de Choudard des Forges. Cette pièce, qui enrichit le théâtre où elle fut représentée, avait été achetée cinquante francs seulement à son auteur.

posé. Sur le devant est une salle à manger, et au fond, quelques degrés conduisent dans une chambre à coucher coupée par la moitié, et dont une fenêtre est éclairée par la salle à manger. On trouve encore des appartements semblables, dans quelques vieilles maisons. Une partie de l'action a lieu derrière cette fenêtre et s'accorde parfaitement avec ce qui se passe sur le devant de la scène ; l'effet produit est excellent. A la fin, le sourd, qui est dans la chambre, ferme le rideau, et la scène n'est plus divisée.

J'ai fait la connaissance de M. des Forges, l'auteur de cette pièce, qui n'est pas encore imprimée. Il fut assez aimable pour me communiquer son manuscrit, et j'en ferai peut-être usage.

Une quantité de filles de joie assistaient au spectacle et étaient en général très importunes. L'une d'elles glissa son adresse dans la main de mon compagnon de voyage. Je la copie fidèlement ici, en manière de plaisanterie :

« *Mademoiselle Adelaïde*, *au Palais Royal*, *n° 88*, *par le derrière* (1) .»

Avis à qui veut y aller.

22 *décembre*. — J'ai reçu, ce matin, la visite de Madame de Rome, qui a traduit *Adélaïde de Wulfingen*. Elle a adressé sa traduction aux comédiens du *Théâtre de Monsieur* (2), et attend leur arrêt de vie ou de mort.

---

(1) En français dans le texte.
(2) *Id.*

Je suis convaincu, pour ma part, que si, dans sa forme originale, la pièce mérite de vivre, grâce à quelques scènes, en conscience elle mérite la mort telle qu'elle est devenue, maintenant qu'on l'a francisée.

Madame de Rome a aussi l'intention de traduire *Misanthropie et Repentir* (1), mais qu'elle me permette de le lui dire, elle le gâtera de même : « *Une femme adultère ! Cela ne se fait pas ! Il faut qu'elle ne soit qu'imprudente !* (2) » — m'a-t-elle objecté. — Bon !... — Il y a aussi, dans la pièce, selon elle, un trop grand nombre de personnages ; elle veut en supprimer. Le général, le vieillard et Bittermann n'auront pas l'honneur d'apparaître dans l'adaptation française de *Misanthropie et Repentir*. Passe encore pour cela. Mais il paraît qu'il n'y a pas assez de confidents, dans la pièce allemande. Madame de Rome éprouve le besoin d'en ajouter un, et sur qui tombe son choix ? Elle fait de Pierre le pivot de toute l'intrigue, le confident du major, l'ami et le camarade du vieux Franz, et tous deux réunis font marcher le Misanthrope au doigt et à l'œil, et dénouent l'intrigue. Qu'adviendra-t-il de tout cela ?

Le seul personnage de mon drame qui soit réellement inutile (je veux parler de Lotte), est

---

(1) L'une des pièces les plus populaires de Kotzebue. Elle a été jouée sur la plupart des théâtres de Paris, sous le Consulat et sous l'Empire. On l'a reprise à l'Odéon, en 1862.

respecté par Madame de Rome. En vérité, il ne restera plus rien de *Misanthropie et Repentir*, si ce n'est, pour l'auteur, le « repentir » d'avoir écrit la pièce. S'il faut tant de changements pour plaire au public français, j'aime beaucoup mieux lui rester inconnu.

— « Il faut se résoudre à ces modifications, dit Madame de Rome, *les Français s'éloignent encore trop de la nature* (1). » — « C'est un éloge pour moi, me suis-je dit, puisqu'en s'éloignant de la nature, ils s'écartent en même temps de l'esprit de mes ouvrages. »

Madame de Rome m'a, d'ailleurs, beaucoup intéressé. Elle me paraît bonne et intelligente ; elle parle beaucoup et bien. Elle appartient au parti des aristocrates, comme on dit ici. Son mari était militaire et chevalier de Saint-Louis ; à l'âge de soixante ans, les troubles de la Révolution l'ont précipité au tombeau. Pendant cinq jours et cinq nuits, me raconta sa femme, ils n'ont pas cessé de craindre pour leur vie, dans leur propre maison. Tantôt on voulait tuer son mari, tantôt le mettre à la tête d'une bande d'insurgés, tantôt piller la maison, tantôt l'incendier. L'Assemblée nationale leur a enlevé la pension dont ils jouissaient, et, ajouta-t-elle avec vivacité : « Je n'ose plus me servir de mon cachet à armoiries. Je ferme mes lettres avec le pouce. »

J'ai quelque idée que la pauvre femme ne vit

---

(1) En français dans le texte.

guère que du produit de ses œuvres. Cependant, elle était très convenablement vêtue, et n'a pas laissé échapper un mot qui pût sembler un appel à la compassion d'autrui. Elle m'assura qu'elle pourrait gagner beaucoup d'argent, si elle voulait s'associer à ces misérables *folliculaires* (1), qui inondent le public de brochures contre la Cour, et dans lesquelles on n'appelle pas la Reine autrement que *l'exécrable Antoinette, la misérable femme du roi* (2). Madame de Rome nous affirma que ces titres sont les plus doux qu'on lui donne, et que les gens qui l'appellent simplement la *femme du roi* sont un miracle de modération.

Madame de Rome m'a fait présent d'un recueil des *Anecdotes sur Joseph II* qu'elle a traduites, et dont il s'est à peine vendu cent exemplaires. Le triste résultat de cette spéculation est dû, sans doute, à la haine mortelle qu'inspire tout ce qui se rattache à la maison d'Autriche.

Elle m'apprit aussi qu'un marchand de tabac de Nancy a l'intention d'ouvrir un théâtre allemand. Gare à nous ! Nous n'avons qu'à bien nous tenir !

La matinée était belle; nous nous rendîmes sur la place Louis XV par la rue Saint-Honoré, qui est si populeuse et, de là, nous allâmes à pied au jardin des Tuileries.

---

(1) En français dans le texte.
(2) *Id.*

A gauche en entrant (1), une foule de personnes étaient assises, adossées au mur; le plus grand nombre étaient des femmes avec de petits enfants, qui se chauffaient aux pâles rayons d'un soleil d'hiver. Le spectacle était aussi gracieux que possible. Par contraste, je pensai au prince de Lambesc qui, sur cette même place, commit les cruautés que l'on sait (2).

J'ai lu, je ne sais plus où, qu'un voyageur rencontra un jour une pauvre cabane de paysan, encore debout au milieu des ruines entassées par un tremblement de terre. Je m'imagine que son impression dut ressembler à la mienne, en me trouvant au milieu des Tuileries.

Nous arrivâmes, en un instant, dans la cour intérieure du château. Partout des Suisses et des gardes nationaux montaient tranquillement la garde, côte à côte; ils me parurent cependant se regarder de travers, comme le bon et le mauvais ange qui attendent le départ d'une âme.

Au bord de la Seine, toute sale, nous reprîmes notre voiture et nous traversâmes le Pont-Neuf, pour rendre hommage à Henri IV. Le bon roi! On lit sur son visage qu'il fut aussi un brave homme. Les deux qualités se valent bien.

---

(1) C'est ce qu'on appelle aujourd'hui la *petite Provence*.

(2) Le 13 juillet 1789, le prince de Lambesc, à la tête du Royal-Allemand, chargea à coups de sabre la foule qui se trouvait dans le jardin des Tuileries et sur la place Louis XV.

De là nous allâmes au soi-disant palais où se rend la justice. La cour était remplie de gardes à cheval, et notre cocher nous dit, d'un ton plaisant : « On donnera à un pauvre diable à déjeuner « et à dîner (1). » Il voulait dire qu'on lisait précisément en ce moment sa sentence à un malheureux condamné, qui allait ensuite être pendu. Je frissonnai. Mais notre domestique parlait aussi indifféremment d'une exécution, que des cabrioles d'un danseur de corde. Nous gravîmes le grand escalier. Je n'ai rien vu de plus, dans le palais de Justice, que ce qu'on trouvait dans le temple des Juifs, avant que le Christ n'en chassât les acheteurs et les vendeurs. Ceux-ci étaient en aussi grand nombre qu'au Palais-Royal.

Au bout d'une galerie tortueuse, nous pénétrâmes enfin dans la salle d'audience, au moment précis où on lisait la sentence du pauvre diable. Mais il y avait tant de monde, il faisait si chaud, et mon impression était si pénible, que je me hâtai de sortir. Je n'ai pas aperçu le condamné, et des juges je ne pus apercevoir que leur chapeau à l'espagnole (2).

Notre cocher nous conduisit ensuite à la place de Grève, où l'échafaud était déjà dressé. La roue et l'échelle étaient prêtes ; le peuple se pressait en foule alentour. Je me sentis soulagé, lorsque

---

(1) En français dans le texte.

(2) Les juges ne portaient plus la robe, mais l'habit à la française et le chapeau à plumes.

nous eûmes laissé loin derrière nous ce lieu funeste et son célèbre réverbère. Si l'on m'offrait le plus magnifique palais bâti sur cette place, à condition de l'habiter en personne, je me garderais bien d'accepter un tel présent.

Ce soir, nous sommes allés au *Théâtre Italien*. La salle est belle et les places commodes; les chanteurs sont bons, mais les décors mauvais et les auteurs médiocres. On donnait la *Fausse Magie* (1) et *Sargines* (2).

La *Fausse Magie* est une pièce sotte et sans mouvement, sur laquelle Grétry a fait une musique insignifiante. La seconde pièce est déjà connue en Allemagne; elle est amusante et la musique en est très jolie. Mais le père de Sargines ressemble à un perruquier et sa cousine à une c...

Le rôle de Sargines comporte quelques scènes de tragédie; j'ai pu voir, par là, un exemple de la façon dont les Français la comprennent. Ce sont d'effroyables mouvements de bras qui

---

(1) *La Fausse Magie*, opéra comique de Marmontel, musique de Grétry (1er février 1775). Voir *Grimm*, éd. Tourneux, t. XI, pp. 26 et 221. En 1776, Marmontel changea le dénouement de sa pièce. La musique du premier acte est regardée comme un des chefs-d'œuvre de Grétry. Mais les jugements artistiques de Kotzebue sont sujets à caution.

(2) *Sargines* ou l'*Éducation de l'Amour*, drame en quatre actes, mêlé d'ariettes. Poème de Monvel, musique de Dalayrac (juin 1788). La pièce est tirée des *Délassements de l'homme sensible*, nouvelle d'Arnaud. La scène se passe sous Philippe-Auguste. Grimm consacre à cet ouvrage une longue analyse, dans sa *Correspondance*, t. XV, p. 262.

fendent l'air, comme pour donner des coups de sabre, et, par-dessus tout, une manière insupportable de reprendre sa respiration. On ne peut gesticuler ainsi que sous l'empire de la passion la plus vive, et seulement pendant un moment (1).

Quelle chose étrange que le goût! Je riais à tous les endroits où les Français pleuraient, applaudissaient, criaient bravo. Que veut dire cela? Les Français sont un peuple raffiné, moi-même je ne crois pas avoir jamais eu mauvais goût : comment donc se fait-il que nous soyons aussi éloignés les uns des autres, dans notre manière de sentir, que la terre l'est du ciel? J'aime la nature, et les Français aiment l'art; mais est-il possible qu'avec leur cœur sensible, ils n'apprécient pas aussi la nature, et comment se fait-il qu'ils aiment un art qui n'imite pas la nature? J'avais toujours cru que l'art devait la suivre et d'aussi près que possible. Mais je ne veux pas entamer une dissertation. En voilà bien assez. Un de ces jours j'irai entendre une tragédie au Théâtre de la Nation, pour rire tout mon soûl.

---

(1) Les gens du Nord ont toujours eu de la peine à admettre les gestes des méridionaux. Addison raconte même que les Anglais qui n'ont jamais été sur le continent, et n'ont pas vu les peuples du midi, ne comprennent rien aux tableaux des maîtres de l'école italienne. Les personnages leur paraissent épileptiques. Il n'est donc pas étonnant que Kotzebue, qui n'avait encore vu que l'Allemagne et la Russie, ait été choqué des gestes de nos acteurs. Il sera plus juste à son second voyage.

Il est vrai que, devant un public français, aucune sentence, aucun axiome de morale, aucune noble pensée n'est perdue. Il y a toujours, dans l'air, une étincelle qui met le feu aux poudres, et fait éclater à propos les applaudissements les plus bruyants.

Il y a aussi beaucoup de passages, dans *Sargines*, qui produisent, à présent, une vive impression sur le spectateur, et manifestent ses sentiments actuels, par exemple ce passage : *Il faut vaincre ou mourir pour son Roi* (1). Si l'on en jugeait par les applaudissements qui accueillent ces mots, on croirait que chaque parisien brûle du désir de mourir pour ce même roi, qu'il traite de *pauvre homme* (1).

Parmi les actrices, se trouvait une charmante jeune fille de seize ou dix-sept ans (2), nommée Rose Renaud. Son visage est si doux et si candide, que je ne pus m'empêcher de demander à mon voisin si cette physionomie n'était pas trompeuse, et si elle était vraiment innocente. Il m'en donna l'assurance, et je le crus volontiers, si invraisemblable que la chose paraisse.

D'ailleurs sa tenue sur la scène me confirma dans mon opinion. Elle paraissait extrêmement modeste, et ce ne fut qu'encouragée par les

(1) En français dans le texte.

(2) Elle n'en avait que seize. Rose Renaud débuta à onze ans à la Comédie Italienne, en 1785. Elle épousa le poète d'Avrigny, plus tard censeur.

applaudissements du public, dont elle paraît la favorite, qu'elle perdit peu à peu le tremblement que l'émotion donnait à sa voix. Son chant était pénétrant et allait au cœur; sa voix flexible se pliait sans effort à l'expression des sentiments de son rôle. Mais elle ne savait pas encore jouer, ou si peu que rien.

Mon compagnon est parti enchanté de cette actrice, et, en rentrant, comme nous étions déjà couchés et que pour m'endormir je lisais une vieille comédie française, il sauta à terre et mit sur le papier, pour mademoiselle Renaud, un quatrain dont il venait d'accoucher.

23 *décembre.* — Le quatrain nouveau-né a été envoyé à son adresse. Il a été reçu avec un sourire, et moi, qui n'ai pu dormir, j'ai mal à la tête. Cet hommage est un petit nuage de plus ajouté aux flots d'encens qui entourent — et qui étoufferont peut-être — la vertu de celle à qui il était destiné.

Le tailleur vient de m'apporter un habit. Il a gardé, sans rien dire, son chapeau sur la tête, dans ma chambre, et a causé avec moi en bon camarade. La cocarde plantée sur sa tête semblait dire clairement : *Nous sommes tous égaux* (1).

Le soir, nous sommes allés aux *Variétés amusantes*. C'est la plus belle salle de spectacle que j'aie jamais vue. Tout y respire l'élégance et le bon goût. Les acteurs, au contraire, ont été fort

(1) En français dans le texte.

au-dessous de mon attente (1). On donnait *Les deux Figaros* (2), jolie pièce, bien intriguée, dont l'auteur est de Bordeaux. C'est, à proprement parler, une critique du *Figaro* de Beaumarchais, à qui l'on reproche de n'avoir su, avec tout son esprit, que duper deux pauvres sires comme le comte Almaviva et le docteur Bartholo. Dans la pièce actuelle, c'est Figaro lui-même qui est, à chaque instant, trompé, malgré toute sa malice, par un second Figaro, lequel n'est autre que Chérubin déguisé.

Pour terminer, on a donné l'*Enrôlement supposé*, dont l'idée, déjà usée, n'a ni sel, ni force.

Comme le spectacle s'était terminé à huit heures et demie, et qu'il était trop tôt pour aller se coucher, nous allâmes, bras dessus, bras dessous, mon compagnon et moi, nous promener sous les arcades du Palais-Royal, qui étaient brillamment éclairées. Dans la grande place du milieu, la lune, alors dans son plein, remplaçait les lumières. Tout fourmillait de monde ; les crieurs publics hurlaient, les étalages étincelaient, les orateurs politiques péroraient, les

---

(1) L'auteur n'avait sans doute pas entendu, ce jour-là, Boutet de Monvel, qui jouait aux *Variétés* et qui passait, avec Larive et Molé, pour être au nombre des meilleurs acteurs de Paris. Il fut le père de mademoiselle Mars.

(2) Comédie en cinq actes, représentée en novembre 1790. L'auteur est Martelly, auparavant avocat, et alors, acteur au théâtre de Bordeaux. Le texte porte par erreur *Bourdeaux*. Les personnages sont les mêmes que ceux du *Mariage de Figaro* (V. *Grimm*, t. XVI, p. 121).

jeunes gens faisaient les yeux doux, les filles de joie accostaient les promeneurs.

J'eus, ce soir-là, l'occasion d'apprendre jusqu'où va leur effronterie. Elles étaient toutes extraordinairement parées; on aurait pris la moindre d'entre elles pour une vraie dame. Deux jeunes et jolies filles, qui se tenaient par le bras, nous poursuivirent constamment et nous proposèrent une partie carrée. Pour les éloigner, je dis à l'une d'elles que sa compagne n'était pas assez jolie : « Mais, dit-elle, *elle est très bien composée* (1). » Pendant cette conversation une troisième se glissa entre nous, et me murmura très vite à l'oreille : « Voulez-vous venir me voir (1). »

Les deux premières, qui nous donnaient la chasse depuis longtemps, prirent très mal la chose : « Comment, Madame, dit l'une d'elles à la nouvelle venue, *vous nous enlevez nos hommes* (1) ? » Pour éviter que la querelle ne s'envenimât, nous les laissâmes toutes les trois, et nous nous perdîmes dans la foule.

Une quatrième nous avait probablement entendus parler allemand, car elle s'approcha en prononçant, avec l'accent le plus comique, le mot : *deutsch, deutsch*, qu'elle avait sans doute entendu quelque part. Enfin, une cinquième, que mon compagnon avait déjà rencontrée au théâtre, jolie fille d'à peine seize ans, nous invita

(1) En français dans le texte.

d'une façon si aimable à souper avec elle (à nos frais, s'entend), que nous nous décidâmes à l'accompagner pour voir de nos propres yeux comment vivent ces femmes. Comme nous étions deux, elle voulait vite appeler une partenaire, mais nous le lui défendîmes; une seule suffisait pour l'innocent passe-temps que nous comptions trouver chez elle.

Elle nous fit monter un escalier, dans une maison du Palais-Royal, où elle habitait un appartement composé de quelques pièces. Mais peu s'en fallut que nous ne fussions la cause d'une nouvelle discussion. Par un fâcheux hasard, l'appartement était voisin de celui de cette demoiselle Adélaïde, qui avait donné à mon compagnon l'adresse que j'ai mentionnée plus haut. Celle-ci eut vent de notre visite, et parut croire que nous venions chez elle, et que la petite nous avait arrêtés au passage. Elle paraissait au moins bien décidée à partager notre souper, mais nous avions résolu le contraire, et, tout en murmurant, elle finit par nous laisser seuls.

La femme de chambre apporta la carte du restaurateur; nous laissâmes notre hôtesse faire elle-même le menu, et elle eut la discrétion de ne commander que quatre plats, une compote de pommes et du vin ordinaire.

Elle nous raconta ensuite son histoire : vraie ou fausse, je ne m'en porte pas garant. Un vieux fou l'avait enlevée à ses parents, qui demeuraient à Versailles; il l'avait conduite à Paris, et l'y entretenait, mais en la tenant enfermée, sans d'ailleurs lui faire aucun mal. Fatiguée de cette vie, elle s'était enfuie, et maintenant volait de ses propres ailes, si on peut s'exprimer ainsi, sous le nom de madame de Vincennes. Elle nous avoua que, souvent, elle n'avait pas le sou, et devait toujours de l'argent à sa bonne ; elle restait au lit jusqu'à près de midi, y déjeunait et y dînait. Puis, pour changer, elle s'habillait, soutirait un *petit écu* (1) à sa bonne, pour aller à quelque spectacle, et, le soir, faisait la chasse sous les arcades du Palais-Royal. Telle est la vie habituelle de toutes ces pauvres créatures. Celle-ci paraissait avoir bon cœur. Elle nous mit en garde contre les filles du Palais-Royal, en nous avouant qu'il n'y en avait pas une seule tout à fait saine.

Le souper vint. Madame de Vincennes y prit part avec beaucoup d'appétit. Il y avait peut-être longtemps qu'elle n'avait fait un véritable repas. Bientôt après, nous partîmes en laissant quelque argent sur la cheminée.

Je ne regrettai pas ma visite, car tout cela était nouveau pour moi, mais je ne voudrais pas y perdre mon temps une seconde fois. J'ai d'ailleurs peine à comprendre que des hommes bien élevés puissent trouver quelque charme au commerce de ces créatures, qui n'apportent aucune résistance, pas même celle de la coquetterie.

(1) En français dans le texte.

Sous ce rapport, les filles du Palais-Royal pourraient recevoir des leçons des animaux eux-mêmes.

24 *décembre*. — Ce matin, nous avons eu la visite de l'abbé de R... (1), l'inconnu si poli qui nous avait promis des billets d'entrée pour l'Assemblée nationale. C'est un interrogateur déterminé. Ce qui concerne la France, il le connaît bien, mais sur tout autre sujet, on trouve en lui l'ignorance lamentable du Français, qui n'est informé de rien en dehors de son pays.

La France semblait à l'abbé le point central du monde, et Paris la capitale du royaume céleste. Il connaissait aussi peu la Russie que l'empire du Prêtre Jean; il croyait, par exemple, que la Livonie fait partie de la Pologne, et qu'on voyage, l'hiver, en Russie, avec une boussole, pour se reconnaître dans la neige. Peut-être s'imagine-t-il que les villages y sont enfoncés jusqu'au dessus des cheminées et que, comme Münchausen, on attache les chevaux au sommet des clochers.

Vers midi, j'étais dans la bibliothèque du libraire Cussac, à feuilleter des volumes, quand

---

(1) Il n'y a pas moins de 21 ecclésiastiques, députés à l'Assemblée nationale, dont le nom commence par un R. (Almanach royal de 1790.) Le nom d'un seul d'entre eux répond exactement aux initiales données par Kotzebue; c'est l'abbé de Roulx, curé de Saint-Pol, député de la province d'Artois. Mais il est possible que l'indication de l'auteur soit de pure fantaisie.

entra un vieillard plus qu'octogénaire. Ses pieds lui refusaient presque leur service, mais son visage portait la trace d'un caractère enjoué. Cussac lui fit compliment de sa gaîté : « Oh ! répondit-il, *c'est que j'ai eu dans ma vie beaucoup de regrets, mais jamais de remords* (1). »

Cet homme me plut. J'appris que c'était M. de la Place (2), auteur ou plutôt traducteur d'un grand nombre de romans et de beaucoup d'autres écrits.

D'ailleurs, il mérite en réalité le titre d'auteur, car, à ce que me dit le libraire, il avait si bien corrigé le *Tom Jones*, par exemple, qu'on l'a retraduit du français en anglais. Je ne pus m'empêcher de sourire. Au bout d'un quart d'heure, M. de la Place se disposa à partir ; puis, au moment où il avait déjà la main sur le bouton de porte, il s'arrêta, comme s'il venait d'avoir l'esprit traversé par une saillie : « Tenez, dit-il, je m'en vais vous dicter un impromptu ! » Et il

---

(1) En français dans le texte.

(2) Pierre-Antoine de la Place, né en 1707, à Calais, mort en mai 1793, à Paris. Il avait, par conséquent, quatre-vingt-trois ans quand Kotzebue le rencontra. Élevé chez les Jésuites anglais de Saint-Omer, il y apprit si bien leur langue qu'il dut plus tard se remettre à l'étude du français. Ses traductions anglaises ont été réunies sous les titres de *Théâtre anglais* (1745-1748), huit volumes in-8°, et de *Collection de romans traduits ou imités de l'anglais* (1788, huit volumes in-8°). Une tragédie imitée d'Otway, *Venise sauvée*, lui valut une certaine réputation (1746). Il fut, pendant quelque temps, directeur du *Mercure de France*.

récita le quatrain suivant, que je copiai après son départ :

Pour que de deux partis les noms mieux entendus
De l'état divisé puissent moins troubler l'ordre,
Les *enragés* sont ceux qui furent trop mordus
Et les *enrageants* ceux qui voudraient encor mordre.

Les noms d'enragés et d'enrageants sont, comme on le sait, les noms des principaux partis politiques.

La fièvre de liberté qui règne actuellement est cause, entre autres choses, que, sur les scènes françaises, et en particulier sur le *Théâtre de la Nation* (ci-devant *Théâtre français*), on n'admet que des pièces ayant trait à la Révolution et qui peignent la tyrannie ou le fanatisme sous les plus noires couleurs. On donne sans cesse *Brutus*, *Guillaume Tell*, *la Mort de César*, *Rome sauvée* et *Jean Calas*. La tragique histoire de ce dernier a, depuis peu, servi de thème à différents auteurs (1). A cette occasion, les feuilles publiques racontent, aujourd'hui, l'anecdote suivante :

---

(1) On peut citer entre autres *Jean Calas*, tragédie en cinq actes et en vers par J.-L. Laya, le père de l'auteur du *Job*, représenté le 18 décembre 1790, sur le *Théâtre de la Nation*.

La veille, 17 décembre, avait été représenté, au Palais-Royal, *Calas* ou le *Fanatisme*, drame en quatre actes, en prose, par Lemierre d'Argy. (Paris, 1791, in-8°.) Enfin, le 7 juillet 1791, M.-J. Chénier, le frère d'André, fit jouer, au ci-devant Théâtre français, devenu *Théâtre de la Nation*, une tragédie en cinq actes, intitulée *Jean Calas*.

« Pendant que toutes les scènes retentissent du nom de Calas, on ne pense pas au douloureux effet que ce bruit peut produire sur sa famille. Madame Calas, la veuve du condamné, vit encore. Elle demeure, depuis quinze ans, avec ses deux filles, à Paris, rue Poissonnière. Depuis la mort de son mari, elle n'a pas quitté le deuil, et sa pendule est restée arrêtée à l'heure fatale. Dès qu'on crie dans la rue l'annonce d'une condamnation capitale, sa servante se hâte de descendre pour prier de garder le silence en passant devant la maison et les environs, car, sans cette précaution, la pauvre femme s'évanouit. »

Nous sommes allés, ce soir, au *Théâtre de la Nation*. La salle est belle. On donnait *Brutus* et le *Réveil d'Épiménide à Paris*.

Je ne retrouverai peut-être jamais une semblable occasion de voir les sentiments d'une nation tout entière se donner si librement cours, et d'entendre, sur une scène, quelque chose d'aussi hardi.

Dans *Brutus*, on a saisi toutes les allusions qui pouvaient s'adapter au temps présent. Ainsi les spectateurs applaudirent, avec un entrain qui tenait du délire, les passages suivants :

Destructeurs des tyrans, vous qui n'avez pour rois
Que les dieux de Numa, vos vertus et vos lois !

...Nous avons fait, en lui rendant hommage,
Serment d'obéissance, et non point d'esclavage.

Sous un sceptre de fer ce grand peuple abattu,
A force de malheur, a repris sa vertu.

...Je porte dans mon cœur
La liberté gravée et les rois en horreur !

Arrêter un Romain sur de simples soupçons,
C'est agir en tyran !...

Dieux ! donnez-moi la mort plutôt que l'esclavage !

Au contraire, d'autres passages ont été interrompus par une sorte de tumulte. Par exemple, celui-ci :

Quel homme est sans erreur, et quel roi sans faiblesse ?

Est-ce à vous de prétendre au droit de le punir ?
Vous, nés tous ses sujets, vous, faits pour obéir !
Un fils ne s'arme point contre un coupable père,

Il détourne les yeux, le plaint et le révère,
Les droits des souverains sont-ils moins précieux ?
Nous sommes leurs enfants, leurs juges sont les dieux ! »

C'est à peine si on laissa l'auteur achever la tirade. Le passage suivant mit tout à fait le feu aux poudres :

Rome a changé de fers, et sous le joug des grands,
Pour un roi qu'elle avait a trouvé cent tyrans.

A ces mots, un spectateur royaliste qui se trouvait dans les loges du second rang, osa applaudir. Tout le parterre s'émut, chacun se leva de sa place. L'un sifflait, l'autre criait : « *Ah! que cela est bête* (1). »

Ici se formait un groupe menaçant ; là s'élevait un tumulte de cris et de trépignements. Tous les

(1) En français dans le texte.

yeux se tournaient vers l'endroit d'où les applaudissements étaient partis. Les acteurs se turent, attendant ce qui allait arriver. Peu à peu, cependant, les flots de la tempête populaire se calmèrent, car comment en retrouver l'auteur? On n'avait pu voir qu'une chose, c'est qu'il était dans les loges, mais il n'y avait pas moyen de distinguer le coupable.

Au reste, cet individu avait manqué de sang-froid. Il n'y a pas de courage, mais seulement de la sottise à vouloir braver toute une foule. Si l'un de ses voisins l'eût trahi, on l'aurait sans pitié accroché à la lanterne, et sa témérité n'eût servi en rien à cette ombre de Roi qui reste aux Français.

Après cette preuve que le parterre venait de donner de son ardeur républicaine, personne n'osa plus manifester un sentiment d'approbation ou d'improbation qui ne fût d'une stricte orthodoxie démocratique. Désormais, l'intolérance du parterre interdit aux spectateurs des loges d'user du droit qu'ils ont acheté à la porte, à beaux deniers comptants, de manifester leurs sentiments, si bon leur semble, tandis que ces Messieurs des places inférieures saisissaient aux cheveux l'allusion la plus lointaine, s'écorchaient les mains à force d'applaudir, et s'enrouaient à force de crier *bravo !*

Je ne pus m'empêcher de rire de la façon dont ces pauvres petits Français s'appliquaient à eux-mêmes tout ce qu'avaient fait et dit les grands

Romains d'autrefois. Chaque garde national se croyait au moins un Titus, et voyait un Brutus dans chacun de ses députés. A ce vers :

Sois toujours un héros, sois plus, sois citoyen !

il n'était pas de tailleur qui ne se sentît battre le cœur. Il est si doux d'entendre dire qu'on peut être *plus qu'un héros* à si peu de frais.

Encore un mot sur le jeu des acteurs : la représentation était entièrement dans le goût français. Brutus criait au point de me faire littéralement mal aux oreilles. Titus était souvent touchant ; il avait une voix mâle et agréable, et l'expression des sentiments nobles et généreux lui allait fort bien. Mais la passion tournait chez lui à la caricature. Pour Tullia, on voyait bien qu'elle était la sœur du luxurieux Tarquin, et, quant à l'envoyé de Porsenna, il avait cette diablesse de physionomie de garçon coiffeur, agrémentée des grâces spéciales à cette profession, qu'on rencontre chez tant d'acteurs français, et qui offre un singulier contraste avec le casque tragique.

Les costumes étaient dessinés avec goût et fidélité, du moins ceux des principaux personnages. La toge de Brutus, ornée du *laticlave*, était bien romaine, de même que sa coiffure, sa barbe et sa chaussure. Seul, son nez camard faisait penser à « *Monsieur tel et tel* » (1).

---

(1) En français dans le texte.

Mais Valérius Publicola avait, sous son costume, un visage qui ressemblait à ceux des anciens camées, si bien que, par moments, l'illusion était complète; il m'a beaucoup plu, ainsi que la plupart des autres acteurs.

Que dire des figurants, sénateurs, licteurs, etc. Il est ridicule de tant s'appliquer à mettre en scène une bonne pièce et de lésiner ensuite pour des bagatelles. Quand le rideau se leva et que je vis devant moi l'assemblée du Sénat assis pour délibérer, mes yeux n'aperçurent d'abord que Brutus et Publicola, et je fus tout oreilles pour écouter l'apostrophe :

> Destructeurs des tyrans ! etc.

Mais ensuite, mes regards se portèrent sur Messieurs les ennemis des tyrans : ceux-ci s'embarrassaient continuellement les bras dans leurs toges; ils avaient, avec cela, des perruques bien frisées, des bas de coton blanc et des pantoufles rouges. Aussitôt mon illusion s'évanouit, et je songeai à ce tableau bien connu où l'on voit Didon sur son bûcher, entourée de ses courtisans, en costume espagnol à la dernière mode.

La seconde pièce avait pour titre : *Le Réveil d'Épiménide à Paris* (1). Comme elle est de

(1) *Le Réveil d'Épiménide à Paris*, comédie en un acte, en vers, par Flins des Oliviers, représentée sur le théâtre de la Nation le 1er janvier 1790. La même année, on a donné l'*Épiménide*

nature à intéresser le lecteur en lui faisant connaître l'état actuel des esprits, j'en citerai les passages les plus saillants.

La scène se passe à Paris, dans le jardin des Tuileries. Ariste raconte à sa fille Joséphine qu'Epiménide, après avoir vécu quelque temps sur la terre, continue de s'endormir pendant cent ans, puis s'éveille de nouveau. Il a connu ainsi toutes les révolutions de la Grèce et de Rome, et il a vu, surtout en France, « les monarques et les grands user arbitrairement de leur immense pouvoir, Louis XIV rendre son peuple l'esclave de sa gloire, faire tout pour l'une et rien pour l'autre, et réussir cependant à se faire admirer des malheureux dont la misère était son œuvre » (1).

Épiménide s'éveille, et trouve à présent « moins d'éclat, mais plus de vérité, la sottise et la vanité en deuil, et le peuple à la fin comptant pour

---

français, un acte en vers (17 janvier 1790), au théâtre de Monsieur. Cet Épiménide est un conseiller au Parlement de Louis XIV, qui s'est endormi à l'Académie, et se réveille au bout de cent ans.

(1) Donnons ici le texte même de la pièce :

Il a vu s'élever les murs de Romulus,
Il vit la Liberté, sous les pas de Brutus
Venger le trépas de Lucrèce...
Il a vécu naguère, en ces jours si fameux
Où brillèrent Condé, Turenne et la Victoire,
Où Louis fit servir ses peuples à sa gloire,
Immola tout pour elle et ne fit rien pour eux,
Admiré des sujets qu'il rendit malheureux.

quelque chose ». Il paraît et manifeste sa joie de revoir le jardin planté par Le Nôtre pour Louis le Grand. Mais il regrette que ce monarque lui préfère le triste parc de Versailles.

Ariste répond qu'un des descendants du grand roi est venu demeurer au milieu des Parisiens, dont il est l'idole et chez qui sa présence a ramené le repos et le bonheur. Il n'a plus de gardes étrangers, etc. (1).

Les applaudissements du public empêchaient presque d'entendre tout ce passage, que les acteurs durent recommencer pour répondre aux *bis!* répétés des spectateurs.

Épiménide demande alors si tous les abus ont été détruits. Ariste hésite, puis dit, en haussant les épaules : « Beaucoup. — Les gens de Cour ont donc, aujourd'hui, changé de système. Ne me trompes-tu pas? »

Tout le parterre s'écrie : Non! non! non!

Ariste. — Un sage monarque ne consulte pas ses courtisans.

Épiménide. — Et les Parlements?

Ariste. — Pas plus que la Cour.

Épiménide. — Qui donc?

Ariste. — Tous les honnêtes gens sont les conseillers du prince. Chaque province envoie ses députés, mais on ne peut tout faire en un

---

(1) Il ne s'entoure point d'une garde étrangère :
Au sein de ses enfants, que peut craindre un bon père?
Plus on le voit de près et plus il est aimé.

jour. Bien des gens ont joué, jadis, un triste rôle; aujourd'hui, cela est fini. Quand le ciel commence à s'éclaircir, qui pense encore à la tempête? Tout va bien, maintenant: le peuple est libre, il aime son Roi et lui obéit. Le monarque lui-même obéit aux lois (1). (*Longs applaudissements.*)

Dans la septième scène, Épiménide s'informe de la Bastille. Quel est son étonnement d'apprendre qu'elle n'existe plus!

— Quoi! dit-il, cette forteresse que le grand Condé a assiégée inutilement pendant trois longs mois!

On lui répond avec fierté :

— De nos jours, on sait mieux s'y prendre. De braves citoyens en ont débarrassé la ville et ont jeté à bas ces murs remplis par la vengeance des tyrans, les soupçons des ministres et les caprices des maîtresses (2).

---

(1) Maintenant, tout va bien, et nous devenons sages
Le peuple vraiment libre, en chérissant ses rois,
Obéit au monarque, et le monarque aux lois.

(2) Comment cette puissante et vaste forteresse
Qui sembloit à Paris devoir donner des loix,
Contre qui de Condé, le courage et l'adresse
Ont échoué pendant trois mois?
— Quelques citoyens généreux
En ont débarrassé la ville,
Et détruit ces murs trop fameux
Qui servoient des tyrans la foudre vengeresse,
Les soupçons d'un ministre ou ceux d'une maitresse.

Dans la scène suivante, madame Brochure vend des feuilles de toutes sortes, mais plus de chansons, rien que de la politique. Épiménide demande des nouvelles des poètes célèbres de son temps :

— Que devient Molière !

— On l'a oublié.

— Comment ! on ne représente plus ses pièces ?

— De temps en temps, mais ce sont nos jours maigres.

— Et Corneille ?

— Dieu nous en garde !

— Mais Racine ?

— On ne lit plus de vers. Chaque siècle a sa marotte. Pendant dix ans, l'Encyclopédie a tourné toutes les têtes ; puis est venue la chimie, et enfin les économistes ont paru à la Cour. Mais on n'y a pas vu, pour cela, régner l'économie. Maintenant c'est le tour de la politique. Chacun veut gouverner l'État, et les femmes à la mode elles-mêmes ont les *Droits de l'homme* sur leur toilette (1).

Plus loin, un censeur royal, dont on a supprimé la place, se lamente. On lui conseille de faire autre chose, et il avoue que, bien qu'il ait

---

(1) ÉPIMÉNIDE. Je vais donc retrouver en France
Tous les divins écrits dont j'ai chéri l'auteur
Molière, par exemple.
Mme BROCHURE. Oh ! sa vogue est finie.
ÉPIMÉNIDE. De ses vers excellents on s'occupe

censuré Jean-Jacques et Voltaire, il ne sait pas écrire.

— Eh! que savez-vous donc?

— Je savais censurer!

Un ancien noble regrette le bon vieux temps où le marquis s'inclinait devant le duc, l'homme de Cour devant le marquis, le gentilhomme campagnard devant l'homme de Cour, etc. Il veut chercher, dans le monde, quelque coin où l'on aime encore l'esclavage; mais il trouve partout le goût de la liberté et il pense à s'aller noyer au plus vite (1).

Mme BROCHURE. Quelquefois à la comédie, [toujours?
Encor sont-ce les mauvais jours.
ÉPIMÉNIDE. Et ce maître de l'art, ce sublime génie
Corneille...
Mme BROCHURE. Ah! monsieur, quel travers!
ÉPIMÉNIDE. Racine...
Mme BROCHURE. On ne lit plus de vers
ÉPIMÉNIDE. Quoi!
D'HARCOURT. Chaque siècle a sa manie
Dix ans on raffola de l'Encyclopédie,
JOSÉPHINE. Pour la chimie encore on eut beaucoup [d'amour.
D'HARCOURT. Chaque art, tour à tour, eut la pomme.
JOSÉPHINE. Et l'on vit paraître à la Cour
Plus d'un économiste, et pas un économe.
Chacun règle l'Etat, et même la coquette
A fait des *Droits de l'homme* un livre de toilette.

(1) CRISANTE. Je vais, loin de ces lieux, chercher un [coin de terre,
Où d'un peu d'esclavage on ait gardé le goût;
Et me jeter dans la rivière
Si l'on devient libre partout.

Un abbé se plaint de ce qu'on a enlevé ses biens à l'Église, pour ne lui laisser que ses devoirs (1).

— On aurait bien pu, dit-il, s'y prendre autrement.

— Qu'est-ce à dire?

— Faire juste le contraire, nous ôter nos devoirs, et nous laisser l'argent! (2).

Dans la dix-septième scène, un maître à danser déplore la décadence de son art :

— La France, dit-il, est dégénérée; on ne danse plus, on écrit! On est publiciste ou soldat; quelques courtisans sont même devenus apprentis hommes d'État. Que de sujets précieux perdus pour mon art! Tous mes amis se sont enfuis chez les Sarmates (*Nota bene*, pour mes compatriotes allemands : Les Sarmates, ce sont nous-mêmes!) (3).

---

(1) Sur l'air d'*Orphée*, de Gluck :

J'ai perdu mes bénéfices,
Rien n'égale ma douleur.

(2) D'HARCOURT. Il falloit bien, chez vous, réformer [quelque chose.
L'ABBÉ. Il falloit s'y prendre autrement :
C'est précisément le contraire.
JOSÉPHINE. Comment? et que falloit-il faire?
L'ABBÉ. Nous ôter nos devoirs, nous laisser [notre argent.

(3) CABRIOLE. Non, je ne fais plus rien depuis six [mois entiers ;
Tous mes amis, hélas! ont fui chez les Sarmates ;
C'est parmi les aristocrates
Qu'étoient mes meilleurs écoliers.

— Les aristocrates, continue-t-il, étaient mes meilleurs écoliers.

Toutefois, il annonce, en terminant, une fête à la mode, un ballet national, et s'éloigne en sautillant pour aller le diriger.

Entre un farouche démocrate, qui voit partout des ennemis de la Révolution, et soupçonne Épiménide de conspirer contre elle :

— C'est impossible, lui dit-on, il vient de dormir pendant cent ans!

— Il n'en est que plus dangereux, répond l'homme avec impatience, s'il a vécu sous Louis le Grand! Cette Cour-là n'était pas populaire et lui-même peut-être est un agent secret...

— *Joséphine* (en riant). De l'autre monde, sans doute?

— *Ariste*. Halte-là! Vous cherchez continuellement à éveiller des soupçons qui servent de prétexte aux scélérats pour se moquer des lois, et qui favorisent les crimes dont la France aura encore longtemps à rougir. La liberté n'est pas le droit d'injurier, et l'abus de la liberté peut en empêcher l'usage.

Dans la vingtième scène, apparaissent un officier et deux soldats de la garde nationale :

Épiménide. — Que veulent ces gens-là ?

Ariste. — Mais vous les avez demandés !

Épiménide. — Dieu m'en garde! J'ai demandé mon tailleur.

Le tailleur. — C'est moi, en fusilier de la garde nationale.

Épiménide. — Et un procureur ?

Le procureur. — Je suis devenu grenadier.

Épiménide. — Et un notaire.

Le notaire. — Me voici ! C'est moi le capitaine.

D'Harcourt. — Nous sommes tous soldats. Le roi en compte autant que de sujets (1).

La pièce se termine par une ronde dont le public a fait répéter deux fois la strophe suivante :

J'aime la vertu guerrière
De nos braves défenseurs,
Mais d'un peuple sanguinaire
Je déteste les fureurs.
A l'Europe redoutables,
Soyons libres à jamais
Mais restons toujours aimables
Et gardons l'esprit français.

Vient ensuite un ballet donné par les gardes nationaux et quelques jolies filles, qui mettent des cocardes tricolores aux chapeaux des premiers. Toute une compagnie s'avance, présente les armes au public, déploie un grand drapeau blanc, où on lit le mot : *Liberté*.

---

(1) D'Harcourt. Nous sommes tous guerriers, et le Roi [des Français
Compte autant de soldats qu'il compte de sujets
Demain chez lui je suis de garde.

Cette pièce me semble excellente, dans son genre, et fort utile en ce moment. Elle exalte le bien fait par la Révolution, mais aussi elle en dénonce le mal impitoyablement. Les applaudissements qu'elle a obtenus sont une preuve des heureux effets que le théâtre peut exercer sur les mœurs.

Je me suis d'ailleurs étonné de l'inconséquence avec laquelle les Français rapportaient à leur Roi tout ce qui est dit de Tarquin, dans la tragédie de *Brutus*, en même temps qu'ils trépignaient de joie, lorsqu'on rappelait, dans la pièce suivante, que le Roi a quitté Versailles pour venir demeurer au milieu d'eux.

En rentrant à l'hôtel, nous vîmes Paris tout illuminé. C'était la nuit de Noël, et chacun avait voulu la célébrer pour sa part. Mais celui qui a vu une illumination à Saint-Pétersbourg ne peut s'empêcher de trouver celle d'ici mesquine. Là-bas, il y a plus de lumières, les rues sont plus larges, les maisons plus belles, car qu'on ne s'imagine pas, pour l'amour du Ciel, que Paris soit une belle ville ! Il est vrai que les palais n'y manquent pas, mais ils ne sont pas serrés les uns contre les autres, comme sur les bords de la Néva, et aucune rue ne peut se comparer avec la perspective Newski. Si l'on supprimait le mouvement indescriptible des voies publiques, et si l'on fermait toutes les boutiques, il est certain que Paris présenterait un triste coup d'œil, avec ses rues étroites, sa boue noirâtre, et ses amas de coquilles d'huîtres.

Les cheminées sont construites, ici, d'une façon singulière. Elles s'élèvent au-dessus des maisons en formant comme de longues murailles ; on dirait des murs de geôle. Cela se voit surtout sur le quai des Augustins et dans le quartier environnant.

25 *Décembre.* — Ce matin, j'ai rendu sa visite à madame de Rome. Je l'ai trouvée en train de traduire les *Annales de Chimie* de Crell. La conversation tomba, comme toujours à Paris, en ce moment, sur la politique. Madame de Rome est une aristocrate déclarée, et, dans sa haine pour l'Assemblée nationale, elle l'appelle : *les douze cents Majestés.*

A quatre heures, nous sommes allés à la Cour pour voir le Roi et la Reine se rendre à la messe. Nous étions debout, dans le salon où les Cent-Suisses montent la garde. Ce sont de grands et beaux hommes, qui portent le costume du temps d'Henri IV, et ont, pour armement, de longues hallebardes.

Nous attendîmes environ une heure, mais le spectacle ne valait pas l'attente.

Les portes s'ouvrirent, enfin, à deux battants. Le Roi passa devant moi en se dandinant ; son aspect semblait dire : « Quelle corvée on me fait faire là ! » La Reine ressemblait plutôt à un navire qui fend l'eau, qu'à une femme qui marche, car elle portait, ainsi que ses dames d'honneur, de vastes paniers, qui les auraient fait prendre de loin pour des mongolfières. Le cortège venait de la salle à manger, et se rendait à la messe, pour aller ensuite au jeu, puis retourner à table et enfin au lit. Quelle triste vie !

Le Roi des Français a maintenant l'existence la plus tranquille et la plus opulente de toute l'Europe. Sa liste civile est de vingt-cinq millions de francs, et il n'a qu'à dire *Amen*, chaque fois qu'on lui présente un décret à signer. Encore fait-il souvent attendre assez longtemps sa signature.

Tous les spectacles étant fermés aujourd'hui, par suite de la fête de Noël, je suis allé aux *Ombres chinoises* du Palais-Royal qui, seules, étaient ouvertes.

On y jouait une pièce dans laquelle une femme russe se plaint à son amie de ce que son mari ne l'aime plus, attendu qu'il ne l'a pas battue depuis trois jours. Là-dessus, le mari paraît et s'excuse, en disant qu'il avait perdu sa canne, mais qu'il vient de la retrouver, et, comme preuve de son repentir, il rosse sa moitié à tour de bras : « C'est bien allemand (1), » disait un spectateur derrière nous. « Ciel ! pensai-je, voilà bien l'ignorance française. Peut-on croire encore qu'en Russie, les femmes aiment mieux être battues qu'embrassées par leurs époux ! »

(1) En français dans le texte.

A sept heures avait lieu un concert au Cirque national. Ce cirque est la plus grande salle que j'aie jamais vue ; elle a 150 pas de long. Comme elle est en grande partie au-dessous du sol, elle prend jour par un toit de verre au plafond.

L'orchestre est nombreux ; il y a une foule de bancs en amphithéâtre pour les auditeurs, et une sorte de temple rond où l'on trouve des rafraîchissements, des boutiques, des jeux de billard, enfin tout un monde en miniature. J'estime la foule des spectateurs à plusieurs milliers de personnes. La salle peut en contenir 4000. Tout ce monde circulait, la plupart en costume négligé et le chapeau sur la tête.

Quand la musique commença, un garde national s'approcha de moi en me priant de me découvrir. Je jetai de suite un regard autour de moi, car je n'avais pas remarqué que tous les spectateurs étaient, en ce moment, tête nue. Mais je ne pus m'empêcher de sourire à l'idée qu'on m'obligeait à ôter mon chapeau, bien qu'on ne fût pas au spectacle où cette exigence se comprend, puisqu'on pourrait empêcher les personnes placées derrière soi de voir la scène. Mais pourquoi dans un concert ? Je demandai au garde national si c'était pour saluer la musique. Il ne sut que répondre. C'est, en effet, la première fois de ma vie que j'ai salué une symphonie en *ré majeur*.

L'orchestre était, d'ailleurs, loin de valoir — je le constatai avec une certaine fierté nationale

— les orchestres allemands, celui de Mayence, par exemple, que j'avais entendu peu de temps auparavant. Je ne tardai pas à m'ennuyer, ce qui m'arrive souvent dans les foules, et bien que, pour mes trente-six sous, j'eusse encore le droit d'assister à un bal, la solitude de ma chambre me tenta davantage. Je laissai donc mon compagnon et retournai chez moi.

26 *décembre.* — Nous sommes allés, ce soir, au *Théâtre de Monsieur*, dont l'intérieur, aussi bien que l'extérieur, n'a rien de plaisant à l'œil. On donnait le *Procès de Socrate* (1) et l'*Histoire universelle*. O pauvre Socrate, quelle injure à ta mémoire ! Si Mendelssohn (2) eût été avec nous, il se fût rendu malade à force de rire, ou se serait fâché.

Socrate ressemblait au Sage de la Grèce, comme le bon vieillard, qu'on peint avec le globe du monde dans sa main, ressemble au bon Dieu. Les mœurs grecques n'étaient pas mieux observées ; on faisait courir les femmes tout le jour à travers les rues d'Athènes, comme s'il

(1) *Le Procès de Socrate* ou le *Régime des anciens temps*, comédie en trois actes et en prose, représentée le 9 novembre 1790. Elle était l'œuvre de *Collot*, ci-devant D'HERBOIS, le futur membre du comité de Salut public. Paris, veuve Duchesne, in-8.

(2) Il s'agit sans doute, ici, du célèbre écrivain allemand, Moïse Mendelssohn (1729-1786), qui publia à Berlin, en 1767, un dialogue, imité de Platon, sous le titre de *Phédon ou Sur l'immortalité de l'âme*, dans lequel il fait parler Socrate d'une manière digne de lui.

n'y eût pas eu de gynécées. Le grand juge était assis sur un siège de bois qui ressemblait à une chaise percée. Les gardes portaient de longs pantalons à la turque, avec des frisures à la française, bien pommadées, d'ailleurs, et bien poudrées. Il y avait, dans la prison de Socrate, une cheminée avec pelle et pincettes, et, sur le marbre, quelques pipes à tabac. On croira peut-être que je brode ou que j'exagère. Point du tout ! Tout est vrai, à la lettre.

Les voilà bien, ces Français si moqueurs ! Eux qui sont le peuple le plus ignorant du monde et, avec cela, le plus vain : « C'est bien allemand ! » (1), disait hier mon voisin, en voyant le Russe battre sa femme : « C'est bien français ! » (2), aurais-je pu dire, aujourd'hui, en voyant les pipes sur la cheminée.

L'anneau que Socrate donne avant sa mort au geôlier est fait à la dernière mode. C'est une longue pierre bleue, ou une imitation en verre, enchâssée au milieu de brillants. Il contrastait fort avec les costumes grecs, assez fidèles d'ailleurs. Xantippe m'a beaucoup plu. Ce n'est pas la créature acariâtre et insupportable que l'on représente dans les livres d'écoliers, mais une bonne petite commère, telle qu'elle était en réalité. Le rôle était fort bien tenu et la nature était venue en aide à l'actrice en la douant d'une laideur peu commune.

---

(1) En français dans le texte.

Les autres acteurs ne méritent pas même une mention ; ils agitaient leurs bras de droite à gauche, comme pour donner des coups de sabre, et criaient tous comme des possédés. On les applaudissait à tout rompre. D'ailleurs on est vraiment, ici, d'une libéralité extraordinaire en fait de bravos, dans tous les théâtres. On claque à tout instant, au point d'assourdir les oreilles, et cela pour des riens. A la moindre allusion faite à la liberté, ou plutôt dès qu'on adresse quelque impertinence aux rois et aux ministres (ce qui est arrivé plusieurs fois aujourd'hui), le public ne se connaît plus, et l'on se croirait transporté dans une réunion d'étudiants en débauche.

La seconde pièce nous a dédommagés de l'ennui de la première. L'*Histoire universelle* (1) est un charmant opéra de l'auteur connu sous le nom du *Cousin Jacques* (2). Il cherche à prouver que chacun, depuis le plus riche jusqu'au plus pauvre, et du roi au mendiant, a tort de se plaindre du malheur de sa condition.

Ce sont ces plaintes générales sur les divers accidents de la vie, tels que procès perdus,

---

(1) L'*Histoire universelle*, comédie en deux actes et en vers, représentée le 10 juillet 1790.

(2) Beffroy de Reigny, dit le *Cousin Jacques*, né à Laon en 1757, mort à Paris en 1811. A la fois poète et musicien, il fut pendant quinze ans (1785-1800) auteur à la mode et s'adonna surtout aux pièces à allusions. Son œuvre la plus célèbre est *Nicodème dans la lune*, dont il sera parlé plus loin.

infidélités d'amitié et d'amour, enfants qui tournent mal, etc., qui ont fait donner à la pièce le nom d'*Histoire universelle*. Elle est pleine d'esprit et de fantaisie. La plupart des airs sont amusants. A la fin, paraît un ermite qui apprend à l'assemblée qu'on doit toujours être gai et de bonne humeur, attendu qu'il n'y a pas, à proprement parler, de malheurs en ce monde que chacun ne puisse s'imputer à lui-même.

27 *décembre*. — Nous nous sommes fort ennuyés, ce soir, chez les *Comédiens de Beaujolais*. On donnait l'*Antidramaturge*, comédie en trois actes, qui n'est qu'une froide intrigue d'amour, brodée sur une dissertation relative à l'art dramatique; *le Bon Père* (1), opéra en un acte, bon pour des enfants, et enfin les *Déguisements amoureux* (2) qui, pour l'ennui, peuvent rivaliser avec la pièce précédente. Le public, néanmoins, applaudissait, comme partout à Paris, avec un enthousiasme ridicule.

Il alla jusqu'à faire recommencer un chœur du plus mauvais goût en poussant des *bis!* répétés. Ce mot était prononcé d'une façon si molle qu'il résonnait d'une façon insupportable à l'oreille d'un Allemand. Il en est de même, d'ailleurs, pour toutes les finales des mots latins

---

(1) *Le Bon Père*, comédie d'André Honoré, jouée à l'Opéra-Comique en 1785.

(2) *Les Déguisements amoureux*, comédie en un acte et en prose, représentée pour la première fois en novembre 1783. (V. Grimm, éd. Tourneux. T. XIII, p. 406.)

et grecs en *us* (1), comme *Brutus*, *Titus*, *Anytus* *Mélitus*. C'est à en devenir malade.

28 *décembre*. — Nous sommes allés, aujourd'hui, pour nous dédommager, au grand Opéra, et j'avoue que j'ai rarement éprouvé un plaisir aussi complet, tant par la représentation elle-même que par les circonstances qui l'accompagnaient.

Nous partîmes en voiture, vers quatre heures, afin de trouver une bonne place, ce à quoi nous avons réussi à notre complète satisfaction. Nous nous étions munis de livres pour combattre l'ennui, en attendant le lever du rideau.

On donnait *Alceste*, de Glück : l'orchestre, les chœurs, les chanteurs, les costumes et les décorations, tout rivalisait de goût et de magnificence. L'orchestre compte environ quatre-vingts musiciens, et il y avait plus de cent personnes à la fois sur la scène. Les costumes et les décors étaient fidèlement reproduits d'après l'antique. Toutefois les grandes boucles à la nouvelle mode que portaient les danseurs, et avec lesquels ils figuraient dans un palais grec, sous les yeux même d'Admète, m'ont fort déplu et ont presque détruit pour moi toute illusion. Je voulais détourner les yeux, mais j'avais beau faire, ces maudites frisures me poursuivaient jusque dans le temple d'Apollon et devant l'autel embrasé du dieu.

---

(1) La finale *s* a le son dur en allemand, et l'*u* se prononce *ou*.

Le ballet, en trois actes, avait pour sujet l'histoire du fils d'Ulysse et reproduisait exactement le premier livre du *Telémaque*, de Fénelon. L'auteur est M. Gardel, qui a fait également le ballet de *Psyché*. En dehors de Télémaque, de Mentor et de Cupidon, il n'y a aucun personnage masculin.

Le ballet de *Télémaque*, comme celui de *Psyché*, caresse délicieusement tous les sens. Quels chœurs gracieux décrivent ces jolies filles à la danse divine ! Leurs mouvements sont à la fois voluptueux et pleins de charme. Quels groupes charmants elles forment ! Par un raffinement de coquetterie, les maillots de ces dames sont de soie couleur chair.

Ce qui m'a le plus amusé dans toute cette soirée, c'est l'étonnement de mon valet de chambre esthonien, que j'avais emmené avec moi pour lui procurer quelque distraction. Le pauvre diable ne comprend pas un mot de français, et, réduit à passer seul toutes les journées, il aurait fini par périr d'ennui. Je le fis asseoir auprès de moi, pour observer ses impressions, qui se succédaient aussi vite que les changements de décors sur la scène. Il assista anxieusement au naufrage de Télémaque et sourit en le voyant sauvé. Quand les nymphes commencèrent leur course et que la plus belle d'entre elles atteignit le but au haut du rocher, puis, aussitôt, abattit d'une flèche la colombe qui était attachée au haut d'une perche, les yeux de mon compagnon brillèrent de plaisir, et il se mit à parler tout seul. Mais il resta immobile, muet et presque sans souffle, quand Vénus et l'Amour descendirent dans un nuage et que le vaisseau, s'éclairant de mille feux, disparut en emportant au ciel la belle nymphe, pendant que Télémaque se précipitait dans les flots.

Il revint tout joyeux à la maison. Je lui avais offert le choix entre le spectacle ou l'argent qu'il coûtait. Il n'eut pas à se repentir de sa préférence.

29 *décembre.* — Le journal d'aujourd'hui demande un précepteur pour un jeune homme de la noblesse. Il doit posséder une « *religion éclairée* (1) », sans désigner autrement ce que l'on entend par là.

Nous nous sommes rendus sur la place où s'élevait autrefois la Bastille. C'est à peine si aujourd'hui on pourrait encore retrouver les traces du château. L'emplacement est vide, et c'est tout au plus si, çà et là, un tas de pierres indique le lieu où s'élevaient autrefois les noires et hautes murailles qui ont vu couler tant de larmes. Encore un grand nombre d'ouvriers étaient-ils occupés à faire disparaître les derniers vestiges de l'ancienne prison d'Etat.

Je crois devoir, à ce propos, reproduire ici l'adresse que le fameux baron de Latude, connu

---

(1) En français dans le texte.

jusqu'en Allemagne par ses malheurs, vient de publier dans les journaux :

Messieurs les Éditeurs,

« Les hommes m'ont toujours si fort mal-
« traité que c'est pour moi un devoir d'exprimer
« publiquement ma reconnaissance lorsque
« j'éprouve leurs bienfaits. J'ai offert, il y a
« quelque temps, un exemplaire de mes *Mé-*
« *moires* au comité de la Comédie-Française.
« Nos modernes Roscius ont si souvent l'occa-
« sion de parler contre les tyrans et en faveur
« de la liberté que je crus devoir leur communi-
« quer ce que quarante ans, trois mois et qua-
« torze jours de souffrance me donnent bien le
« droit d'appeler les *Archives du Despotisme*, etc. »

Après cela, Latude remercie les Comédiens du roi de lui avoir accordé ses entrées dans leur théâtre, ainsi qu'à madame Le Gros, sa bienfaitrice et sa libératrice. Mais, juste Ciel! quel singulier langage parle-t-on aujourd'hui, à Paris, dans une feuille publique!

M. de Latude est officier du génie. Quelle ne doit pas être son émotion quand il traverse, à présent, cette vaste place, dont il ne pouvait jadis apercevoir qu'un espace de quelques pieds, entre les quatre murs de sa prison! Chaque pierre qu'il rencontre est peut-être, pour lui, une connaissance de quarante années.

Ce soir, nous sommes allés à l'*Ambigu-Comique*, et nous y trouvâmes autant de plaisir qu'on peut en éprouver quand on a été, la veille, à l'Opéra. On donnait l'*Épreuve raisonnable*, pièce en un acte, et *Békir et Niza*, drame persan en quatre actes. On trouve, dans ces deux pièces, une fable très simple, assez bien traitée et assez bien jouée.

Le spectacle se terminait par une pantomime en quatre actes : *L'homme au masque de fer*. C'est l'histoire bien connue du mystérieux prisonnier qui fut enfermé à la Bastille sous Louis XIV, et sur lequel ont été faites tant de conjectures. Si les choses se sont passées comme l'a rêvé l'auteur, l'énigme serait cette fois résolue. Dans la pantomime le Masque de fer est le frère du roi. Tous deux aiment la même femme, qui est naturellement une princesse. Mais celle-ci dédaigne le roi, qui trouve un jour son frère aux pieds de sa belle. Tous deux se battent, la garde désarme le prince, et on l'enferme en prison en lui imposant un masque de fer. On s'est servi de toutes les anecdoctes qui ont été conservées à ce sujet : le gouverneur toujours prêt à tuer le prisonnier d'un coup de pistolet dans le cas où il se trahirait ; le plat d'argent sur lequel celui-ci a écrit son nom et qui est ramassé par un pêcheur illettré, etc., etc.

A partir du troisième acte, les invraisemblances s'accumulent les unes sur les autres. L'Homme au Masque de fer joue de la cithare dans sa prison ; on lui répond d'en bas sur la flûte. Le prisonnier se précipite par la fenêtre et tombe, Dieu sait comment ! dans les bras de sa bien-aimée, qui se trouve là, sans qu'on puisse se l'expliquer. Elle a appris qu'un poignard et un pistolet sont cachés derrière une pierre de muraille ; elle prend l'un, donne l'autre au prince, qui tue le gouverneur et se fait reconnaître de la garde. Les soldats le proclament roi. Il s'enfuit. On le poursuit, il trouve du secours, se bat bravement, est vainqueur, et, à la fin, contemple tout tranquillement, avec sa belle, les danses des paysans et de leurs compagnes.

La musique est fort agréable ; elle est tirée, il est vrai, d'une centaine d'opéras différents ; mais qu'importe, pourvu qu'elle réponde à l'impression qu'il s'agit d'exprimer ?

Au reste, la pantomime est un genre de spectacle pour lequel je n'éprouve aucun goût. Il faut tout deviner ; l'auteur met constamment en jeu l'imagination de son public, et, si les acteurs n'ont pas un talent remarquable, ou si les spectateurs ne possèdent pas une grande habitude de ce genre de pièces, il leur est difficile de comprendre la signification de tous les mouvements.

30 *décembre.* — Je suis entré ce soir au *Théâtre-Italien* voir une nouvelle pièce qui, d'après l'affiche, avait déjà été donnée vingt-six fois depuis fort peu de temps. Elle a pour titre : *Euphrosine ou le Tyran corrigé* (1).

---

(1) Drame lyrique en cinq actes par Hofmann, musique de Méhul (4 novembre 1791). On a reproché à la pièce de trop rappeler les situations principales des *Trois sultanes*.

Il y avait beaucoup de monde, et je trouvai que l'œuvre méritait sa réputation.

Trois sœurs orphelines sont amenées à une Cour où règne le caprice d'un despote. Personne n'ose approcher du prince, qui ne connaît d'autre passion que celle de dominer et n'a d'autres plaisirs que la chasse, la guerre, les tournois, etc. La plus jeune des sœurs, Euphrosine, entreprend avec beaucoup d'adresse de faire du despote un bon prince et un chevalier toujours prêt à se battre ; un timide amoureux. Elle y réussit.

Tel est le plan de la pièce, qui contient de charmants détails, par exemple la scène où le prince s'aperçoit avec effroi de la passion toute nouvelle qui l'agite et dont il ignore encore le nom. Il fait venir son médecin et apprend que sa maladie est la même qui fut autrefois la cause de la perte de Troie, et de l'exil des rois de Rome, c'est-à-dire l'amour ! A un autre moment, le prince, sur le point de livrer bataille et déjà armé de son casque et de son bouclier, la lance et l'épée en main, avoue sa passion à Euphrosine. Celle-ci se raille de lui et feint d'éprouver de la crainte en le voyant sous cet appareil formidable. Elle le désarme pièce par pièce, et, quand il est enfin dépouillé, il demande à sa maîtresse s'il lui plaît mieux ainsi : « Non, répond-elle, tu es encore trop grand pour moi, je dois lever la tête pour te regarder, et cela me fait mal au cou. »

Obéissant à son geste, le prince tombe à ses pieds, et elle lui rend elle-même ses armes en le nommant son chevalier.

La musique est mieux que jolie ; elle est presque belle. Le public a paru charmé et n'a pas ménagé les applaudissements.

Après un duo entre le prince et une jeune comtesse qui cherche à le rendre jaloux, l'acteur et l'actrice, qui avaient crié de leur mieux, tombèrent l'un et l'autre comme épuisés sur un siège, de chaque côté de la scène ; leur poitrine s'agitait si fort qu'elle semblait prête à se rompre. Un de mes voisins assura que ce n'était qu'une grimace pour émouvoir les spectateurs et leur montrer qu'on ne s'était pas épargné pour leur plaisir. Mais je croirais plus volontiers que la chose était sérieuse ; car moi-même, simple auditeur, je me trouvais presque malade d'avoir entendu crier si fort.

Je dois encore signaler ici un autre défaut que j'avais déjà remarqué plusieurs fois sur la scène française. Quand un acteur veut marquer son dédain pour un personnage, même dans la tragédie, il tourne infailliblement le dos à son partenaire, et récite toute sa tirade en s'adressant à la muraille, tandis que l'autre lui rend la pareille. C'est ce qu'ont fait aujourd'hui le prince et la comtesse ; j'ai vu le même jeu de scène, l'autre jour, au *Théâtre de la Nation*, entre Titus et l'envoyé de Porsenna, et au *Théâtre de Monsieur* entre Socrate et le grand prêtre. Bref, le peuple le plus poli de la terre ne semble pas connaître d'autre attitude pour exprimer même le sentiment de la plus noble fierté, que de se tourner réciproquement le derrière (*sic*).

On donnait, après *Euphrosine*, un petit opéra en deux actes, également fort agréable, car, tout balancé, les chanteurs et l'orchestre de ce théâtre sont excellents. En Allemagne, où l'on sert moins libéralement les spectateurs, on aurait certainement épargné la petite pièce, car *Euphrosine* a trois actes et occupe la scène pendant deux heures et demie bien comptées. Mais le spectateur, à Paris, ne se contenterait pas à si bon compte. Il veut avoir ses quatre heures de spectacle, et il a raison. Il en était autrefois de même chez nous, mais plus on paie nos acteurs, moins ils croient devoir au public.

Le 29 de ce mois, la Société royale d'agriculture a tenu sa séance publique.

Entre autres récompenses, elle a décerné une médaille d'argent de la valeur de 100 livres à madame Rattier, femme d'un valet de charrue, et la manière dont celle-ci a mérité le prix a causé à toute l'assemblée une douce émotion.

On a confié, il y a cinq ans, à cette noble femme un enfant dont on n'a pu, depuis cette époque, retrouver les parents. Elle-même a quatre enfants et ne dispose pas de plus de 50 thalers (187 fr. 50) par an, que son mari gagne à la sueur de son front. Pourtant elle n'a pas abandonné l'orphelin ; on lui a conseillé inutilement de le porter aux enfants trouvés, et, quand le renchérissement toujours croissant des choses nécessaires à la vie l'a réduite à la gêne et même à la misère, elle a néanmoins continué de traiter son nourrisson comme son propre fils.

Dieu merci, les traits semblables ne sont rares chez aucun peuple. Mais il faut reconnaître que tous ne les honorent pas et ne les récompensent pas ainsi publiquement.

Je déjeunais, ce matin, chez le baron G... (1) quand madame Calas lui a fait annoncer la mort de son fils unique. C'est un dernier coup pour la malheureuse femme. Le baron G... me dit que, depuis quelques années, elle s'est fort affaiblie, et qu'elle est devenue presque insensible à tout ce qui se passe autour d'elle.

Le baron G..., contre qui j'avais des préjugés avant de le connaître, car je venais de lire la *Suite des Confessions de Rousseau*, est le vieillard le plus aimable, doux, avenant, accueillant, versé dans tous les genres de connaissances : sans pourtant faire jamais parade de son érudition, il parla de la façon la plus naturelle, tout en assaisonnant sa conversation de propos instructifs, mais sans aucune pédanterie. Le bon Rousseau a certainement été parfois un visionnaire.

---

(1) Il s'agit sans doute ici du baron Grimm, compatriote de l'auteur, l'ami de madame d'Epinay.

J'ai visité encore, aujourd'hui dans la matinée, bien des endroits intéressants.

Je suis allé à la Bibliothèque du roi, mais j'aurais pu tout aussi bien rester chez moi. Quand on saura qu'elle renferme trois cent mille volumes imprimés et cent mille manuscrits, pour peu qu'on ait seulement vu un livre dans sa vie, on sera aussi avancé que moi, à moins qu'on ne m'envie l'avantage d'avoir parcouru de belles et grandes salles pleines de livres.

Visiter une grande bibliothèque en une demi-heure me paraît aussi peu profitable que d'aller rendre visite à un savant. Le livre le plus rare ne diffère pas d'apparence du dernier volume en vente à la foire de Leipzig, de même que le savant le plus illustre ne se distingue en rien, au dehors, des autres hommes. On peut faire manœuvrer à la fois 300 000 soldats ; mais, quant aux livres, fussent-ils aussi nombreux, il faut se contenter de les regarder.

J'ai examiné avec intérêt les papyrus et les tablettes anciennes enduites de cire. Reste-t-il encore un seul grain de poussière sur ces objets qui y ait été déposé par la main qui y a tracé ces lignes ?

Les deux grands globes terrestres dont on parle tant (1) ne m'ont pas paru si beaux que le globe

(1) Ces deux globes étaient, alors, dans une salle du rez-de-chaussée, et tellement grands que la partie supérieure dépassait le plafond, où l'on avait été obligé de faire une ouverture. On en attribuait la construction au moine Coronelli.

de Gottorp, que j'ai vu à Saint-Péterbourg, bien que mon guide m'assurât le contraire.

Ce guide était un abbé dont j'ai oublié le nom. Au lieu de nous montrer les curiosités de la Bibliothèque, ou seulement de se contenter de répondre à nos questions, le bourreau nous parlait politique à tout instant. Il me prouva, ce dont d'ailleurs j'étais déjà convaincu sans lui, que la conclusion de la paix avec la Suède (1) était un coup de maître de la part de la Russie; il développa un plan d'alliance entre cet empire et la France, auquel ni l'un ni l'autre nous ne pouvions contribuer en rien : il toucha en passant à toutes les relations des Cours de l'Europe; bref, il me fit sauver de la Bibliothèque par son éloquence à l'épée flamboyante, comme celle de l'ange qui chassa Adam du Paradis terrestre.

La bibliothèque de la Sorbonne, que je visitai ensuite, est petite, mais elle possède des manuscrits précieux. On en a dérobé quelques-uns ces jours derniers, et le conservateur, qui nous accompagnait, nous fit remarquer que ce sont ces Messieurs de la Sorbonne qui les ont sans doute emportés eux-mêmes, car chacun possède une clef de la salle, et nulle autre personne ne peut y entrer.

Je ne saurais toutefois leur en vouloir, car ils attendent de jour en jour un décret de l'Assem-

(1) Il s'agit ici du traité de Verelae, qui mit fin à la guerre entre la Suède et la Russie.

blée nationale qui déclarera propriété de la nation ce qui était jusqu'ici leur propriété particulière.

Le tombeau du cardinal de Richelieu, dans l'église de la Sorbonne, est un chef-d'œuvre de sculpture (1). Le ministre est représenté mourant dans les bras de la Religion, tandis qu'à ses pieds la Science est agenouillée sous les traits d'une jeune femme voilée. De pareilles œuvres ne peuvent être bien décrites ; il faut les voir.

A ce propos, je voudrais bien savoir pourquoi les Grecs et les Romains, les Français et les Italiens représentent la Science sous les traits d'une femme, tandis qu'on se moque toujours des bas bleus. Ce n'est donc qu'en pierre qu'une femme savante paraît supportable ?

En jetant les yeux sous la voûte de l'église, je vis quelques ouvriers sur un échafaud et demandai ce qu'ils faisaient là :

« Ils enlèvent, par ordre de l'Assemblée nationale, me répondit-on, les armes du cardinal de Richelieu. — Et pourquoi donc ? — Parce que toutes les anciennes armoiries sont aujourd'hui proscrites en France. »

Cela est ridicule. Richelieu s'est créé à lui-même une noblesse qu'aucune assemblée populaire ne saurait lui enlever, même en faisant briser ses armes.

(1) C'est l'œuvre du sculpteur Girardon.

La façade de l'église Sainte-Geneviève (1) m'a ravi. Si j'eusse pu en même temps ne pas voir les misérables maisons qui l'entourent, mon imagination m'eût reporté à Athènes, car rien, dans l'architecture, ne rappelle les clochers gothiques dont la pointe s'élève dans les nuages, le roi très chrétien et le dix-huitième siècle. Mais la place fort belle qui entoure l'édifice est comme enfermée par des bâtiments qui la déshonorent.

Le *Théâtre-Italien* annonçait, pour aujourd'hui, la première représentation d'une petite pièce dont l'affiche avait pour moi un intérêt irrésistible. Elle a pour titre : *Les derniers moments de Jean-Jacques Rousseau* (2).

La représentation sur la scène de la mort de cet homme extraordinaire m'a causé une émotion indescriptible. Toutes les paroles mises dans sa bouche étaient tirées de ses écrits, et toutes les actions qu'on lui prêtait, strictement conformes à la vérité historique.

L'action se passe dans la chambre de Rousseau, à Ermenonville. Cette chambre a, pour ornements, une épinette, une table à écrire et le portrait de madame de Warens.

Thérèse, la compagne de Rousseau, et la vieille nourrice octogénaire de l'écrivain s'entretien-

(1) Aujourd'hui le Panthéon. La première pierre en fut posée par Louis XV, en 1764.

(2) Le titre exact est : *Jean-Jacques Rousseau à ses derniers moments*, trait historique (1791), par J. Nic-Bouilly.

nent des malheurs de l'infortuné philosophe, du repos dont il jouit, et attendent avec impatience pour déjeuner le retour de sa promenade accoutumée.

Il paraît! L'acteur chargé de rendre le personnage de Rousseau l'avait fidèlement copié, car, aussitôt, un cri de satisfaction s'éleva dans le public. La plupart des spectateurs l'avaient, sans doute, connu, ou du moins souvent rencontré. On cria : *Bravo!* à l'acteur, et la veuve de Rousseau, qui se trouvait dans la salle, tomba sans connaissance.

L'habit du philosophe était tout entier de couleur grise ; il avait sur la tête une perruque ronde, les genoux un peu courbés ; sa démarche était pénible, et toute son attitude, douce et gaie à la fois. Il portait sous le bras un paquet d'herbes qu'il venait de cueillir et, à la main, un nid dans lequel il montrait à ses compagnes six petits oiseaux. Thérèse lui ayant reproché d'avoir enlevé ces petits à leur mère, il raconta, avec une naïveté touchante, que, depuis quinze jours, il était venu les épier tous les matins, et qu'aujourd'hui il avait vu la mère déchirée par un épervier, après leur avoir donné la pâture. Il avait alors emporté le nid, et il demandait à Thérèse d'élever les orphelins :

« Que veux-tu donc en faire? interrogea celle-ci. — Leur donner la liberté dès qu'ils pourront s'en servir, » répondit-il.

Ce tableau fut accueilli par des applaudissements extraordinaires, qui devinrent de plus en plus forts, et finirent par éclater avec fureur. On ne laissait passer presque aucune phrase sans l'applaudir, au point que les oreilles m'en tintaient. Pour moi, je n'ai pas applaudi, mais j'avais les larmes aux yeux.

Rousseau s'attable ensuite en face du déjeuner avec sa petite famille : ce déjeuner était la reproduction exacte de celui qu'il décrit dans ses *Confessions*, lorsqu'il demeurait encore chez le maréchal de Luxembourg. Je ne puis exprimer, ici, la douce et cependant bien vive émotion que me causait ce spectacle. Les larmes ne cessaient de couler de mes yeux : j'étais tout à l'illusion de la scène, qui eût encore été plus forte, sans ces maudits bravos qui l'interrompaient à chaque instant.

Le déjeuner fini, Rousseau recommande à Thérèse d'aller visiter une pauvre femme qui vient d'accoucher de son huitième enfant, et qui est sans ressources. Bientôt paraît un jeune menuisier qui apporte du travail au philosophe. Celui-ci lit du chagrin sur le visage du jeune homme : il l'interroge et apprend qu'on va jeter, le jour même, son père en prison pour une dette de 300 livres, et que lui-même ne peut épouser une jeune fille dont il était le fiancé, parce que le père regarde sa famille comme déshonorée. Rousseau déplore son impuissance à lui venir en aide. Mais le jeune homme lui demande de dire un mot en sa faveur à M. de Girardin, le seigneur du lieu : le philosophe le promet.

Le messager parti, il pense à tenir sa parole, quand un M. Duval lui apporte une lettre de Rey, son éditeur, et 300 livres en paiement de la rente annuelle que celui-ci lui fait. Je dois faire remarquer, en passant, que ce M. Duval a la cocarde nationale à son chapeau, anachronisme qui nuit fort à l'illusion.

Rousseau tient conseil avec sa femme et sa nourrice, et leur demande si elles ont besoin d'argent pour le moment. Sur leur réponse négative, il fait courir de suite après le menuisier, et lui donne la bourse tout entière. Celui-ci croit que ce présent vient de M. de Girardin, et, pour couronner cette bonne œuvre, Rousseau a bien soin de ne pas le détromper.

Le jeune homme, plein de reconnaissance pour cette heureuse intervention, veut tomber aux pieds du maître, qui le relève : « Cette attitude, dit-il, serait humiliante pour toi et pour moi. — Puis-je vraiment accepter ce présent ? balbutie le menuisier tout tremblant, en serrant dans ses bras son bienfaiteur. — Et pourquoi pas ? » dit Rousseau, qui le presse à son tour sur son cœur. Il était bien peu de spectateurs qui, à ce moment, eussent les yeux secs.

Le jeune homme vole délivrer son père, et Rousseau reçoit alors la visite de M. de Girardin, à qui il avoue qu'il sent approcher sa dernière heure. Il a éprouvé, dit-il, pendant toute la matinée, une faiblesse inaccoutumée, ses yeux s'obscurcissent, et c'est en vain qu'il a essayé de lire. Il remercie son ami de lui avoir assuré un asile où il pourra mourir tranquille, et lui recommande sa femme, en lui laissant pour souvenir le manuscrit original du *Contrat social*. M. de Girardin le reçoit avec ravissement, le porte à ses lèvres, et — avec une exagération bien française — il affirme que c'est Dieu même qui l'a dicté. Nous aurons là, à ce qu'il paraît, un cinquième Évangile.

Le menuisier, de retour, paraît avec sa fiancée et son père, et tous comblent M. de Girardin de témoignages de reconnaissance. Celui-ci, naturellement, n'y comprend rien, et ne sait de quoi il s'agit. Rousseau, pendant ce temps, garde le silence, tout en éprouvant une joie profonde, jusqu'à ce que Thérèse révèle le mot de l'énigme : tous entourent alors le fauteuil du mourant et l'embrassent.

On sent, cependant, que le moment suprême approche. Rousseau fait ouvrir les fenêtres pour contempler encore le soleil et admirer une dernière fois la beauté de la nature : « C'est Dieu, dit-il, qui m'appelle à lui. » A ces mots, il retombe sur son fauteuil, les assistants forment autour de lui un groupe attendri, et le rideau tombe.

En réalité, la pièce est une tragédie ; c'est même la première tragédie en prose, et la première dans laquelle les acteurs aient joué d'une manière raisonnable, naturelle et sans gestes désordonnés. Puissent les applaudissements extraordinaires qu'ils ont recueillis apprendre aux Français que la route indiquée par cette pièce est celle de la nature, et la seule qui puisse plaire à tous les peuples et dans tous les temps (1).

Quand le rideau tomba, tous les mouchoirs étaient mouillés de larmes, et mille voix crièrent : *L'auteur! l'auteur!* au milieu d'un tonnerre d'applaudissements. Les cris partaient de tous côtés, des loges aussi bien que du parterre. Ce bruit dura longtemps avant qu'on parût s'en apercevoir sur la scène, mais, le tumulte redoublant, le rideau se releva enfin et un acteur vint dire :

« Messieurs, l'auteur de la pièce est M. de Bouilly, à qui nous devons déjà *Pierre le Grand* (2) ».

Le rideau fut baissé de nouveau, mais le bruit ne cessa pas pour cela. On continuait d'applaudir et de crier : *L'auteur! l'auteur!* Au bout de dix minutes environ, quand on vit que le public ne voulait pas se taire, le rideau se releva une seconde fois, et un acteur vint dire : « *Messieurs, nous avons cherché l'auteur partout, mais il n'est*

---

(1) Étrange illusion d'un contemporain ! Bien naturelle d'ailleurs chez l'auteur de tant de drames larmoyants.

(2) Comédie en quatre actes et en prose mêlée de chant, musique de Grétry, représentée pour la première fois sur le Théâtre-Italien, le 23 Janvier 1790, à Paris.

pas ici (1). — Il est ici ! il est ici ! » cria toute la salle.

Je ne sais d'où venait cette idée. Peut-être avait-on vu Bouilly dans les coulisses pendant la représentation. Enfin, pour satisfaire au désir exprimé par le public d'une façon si tenace, l'auteur s'avança avec beaucoup de modestie sur la scène, et fit une profonde révérence qu'on accueillit par les applaudissements les plus nourris : « Jean-Jacques ! Jean-Jacques ! » cria-t-on alors de toutes parts, jusqu'au moment où l'acteur qui avait joué ce rôle parut à son tour. L'auteur le prit par la main, et tous deux s'inclinèrent profondément devant le public. Puis le poète embrassa l'artiste, et tous deux se retirèrent en se tenant par le bras.

Il faut avoir été témoin de l'enthousiasme de la salle, à ce moment, pour s'en faire une idée.

Les deux autres pièces étaient fort ennuyeuses : *Lucas et Suzette* est un opéra en un acte et *Félix ou l'enfant trouvé* (2), opéra-comique en trois actes, est aussi fade d'intrigue que de paroles et de musique. Il y a, dans *Félix*, une vieille nourrice allemande qui m'a bien fait rire. La pauvre femme avait, sans doute, complètement oublié sa

(1) En français dans le texte.

(2) Les paroles sont de Sedaine et la musique de Monsigny. La première représentation, qui avait eu lieu à la Cour, à Fontainebleau, le 10 novembre 1777, n'obtint qu'un succès médiocre. La pièce fut jouée le 24 novembre de la même année au Théâtre-Italien (V. Grimm, t. XII, p. 26).

langue maternelle, car elle écorchait d'une manière lamentable les quelques mots qu'elle en prononçait (1).

1er *janvier*. — J'ai été visiter, ce matin, l'église Notre-Dame. C'est un édifice gothique, de mauvais goût (2), et qui, pourtant, éveille par son aspect un sentiment religieux. L'intérieur est orné de tableaux dont quelques-uns sont excellents. D'ailleurs les églises catholiques sont en général bâties et décorées d'une manière beau coup plus conforme à leur but que les temples protestants. Dès l'entrée, on se sent involontairement disposé au recueillement, surtout quand le temple est silencieux et qu'on n'est distrait ni par le chant, ni par une messe ou par un sermon ; c'est à peine si quelques personnes isolées vont et viennent, s'agenouillent çà et là, et prient à voix basse. Ce qui manque le plus dans les églises protestantes, c'est le silence et le calme. On a pensé, sans doute, que la piété devait être constamment occupée, et ne pourrait d'elle-même s'unir à Dieu par la méditation. De là vient qu'on fait hâtivement succéder les chants les uns aux autres, puis les prières et les litanies, jusqu'à l'obsession. Quand tout est fini, on ferme le temple, et le bon Dieu ne donne plus audience à ceux qui voudraient s'agenouiller dans un coin

(1) L'auteur cite à titre d'exemple les mots suivants : *Ja, Err* pour *Ja, Herr ; Bruse Rock* pour *Graue Rock*.

(2) *Geschmacklos*. On a vu, plus haut, que l'auteur préférait le Panthéon à Notre-Dame.

et épancher leur cœur devant lui, sans être dérangés par la monotonie des chants et des prédications. Pour qu'on ne puisse m'accuser, ici, de partialité en faveur des catholiques, je dois ajouter que j'appartiens à la confession luthérienne.

A notre entrée dans Notre-Dame, nous trouvâmes à peine, sous ses larges voûtes, une douzaine de personnes qui, sans faire attention à nous, étaient agenouillées en différents endroits. Près d'un pilier se trouvait une religieuse avec six petites filles vêtues de la même manière : « Ce sont des enfants trouvés, nous dit notre guide, l'hospice n'est qu'à quelques pas d'ici. »

Nous nous détournâmes, aussitôt, de notre itinéraire, pour le visiter. On nous conduisit dans une grande salle qui contenait une centaine de petits lits disposés sur quatre rangs. Dans chaque couchette était une enfant; la plus âgée avait un an au plus. Toutes étaient proprement tenues et emmaillotées. La literie était blanche comme de la neige, l'air pur et tempéré, et l'on ne sentait pas la moindre odeur malsaine.

Une vieille religieuse vint à nous et nous accueillit de l'air le plus ouvert et le plus gai : « Venez, dit-elle, visiter ma nombreuse famille. Je suis une heureuse mère, car j'ai reçu aujourd'hui, pour cadeau du jour de l'an, dix nouvelles pensionnaires. » Elle nous les montra; on était en train de les débarbouiller et de leur donner à manger.

Une foule de petites filles déjà grandes, toutes également enfants trouvés, étaient assises devant la cheminée, se passaient les unes aux autres les nouvelles venues, et rendaient à ces pauvres créatures ce qu'on avait fait autrefois pour elles. On aurait pu croire que la réunion d'une centaine d'enfants ne devait produire qu'un seul cri ininterrompu. Il n'en était rien ; on n'entendait que quelques vagissements, ce qui prouve que ces pauvres orphelines sont bien soignées et ne manquent de rien.

L'hospice a reçu, l'année passée, 3842 enfants et il entretient 17000 nourrices à la campagne. Mais la bonne vieille sœur se plaignit à moi de ce qu'il est devenu très difficile, aujourd'hui de trouver des femmes pour cet emploi, faute d'argent, depuis qu'on a supprimé la dotation de l'hospice, et en attendant que l'Assemblée nationale se soit chargée elle-même de la dépense.

La sœur nous montra comment on nourrissait les enfants avec du riz au lait, système que, d'ailleurs, elle n'approuve pas.

Il y a quelques années, on avait voulu supprimer toutes les nourrices et leur substituer l'allaitement artificiel, mais il avait bientôt fallu revenir à l'ancien usage. . . . .

. . . .

Cette religieuse est, depuis trente-cinq ans supérieure de l'hospice, et soigne les maladies même les plus répugnantes de ces enfants, souvent atteintes, dès leur naissance, de maux causés par les vices de leurs parents. On peut, néanmoins, regarder à coup sûr cette femme comme une des créatures les plus heureuses non seulement de Paris, mais même du monde entier. On voit sur peu de visages autant de calme et même de gaîté, que sur le sien. Elle porte le ciel dans son cœur, ce qui lui donne le secret de la douceur et de la patience. Même quand les orphelines sont élevées, elle ne cesse de s'occuper d'elles, comme la plus tendre des mères; toutes sont pleines de confiance envers elle, la regardent d'un air assuré, et lui parlent sans fausse timidité. Elle nous montra une mignonne petite fille, en nous invitant à l'interroger : « Où vous a-t-on trouvée, mon enfant? — Dans la neige » répondit la pauvre orpheline.

On voit, sur la porte de la salle, une inscription portant ces mots :

Mon père et ma mère m'ont abandonnée, mais le Seigneur a pris soin de moi... » (1).

Nous prîmes congé de la bonne vieille sœur, les larmes aux yeux. Je n'oublierai jamais les heures que j'ai passées là.

On lit aujourd'hui dans le journal, sous toutes réserves bien entendu : « Au village de Romecourt, près de Mézières-le-Vic, une femme est accouchée de trois enfants qui ont reçu les prénoms de *Nation*, *Loi* et *Roi*. *Nation* et *Loi* sont morts, mais *Roi* survit et se porte bien.

---

(1) En français dans le texte.

Nous avions dessein d'aller, ce soir, au *Théâtre français comique et lyrique*, où l'on donne une pièce fort jolie et qui a beaucoup de succès : *Nicodème dans la lune* (1), mais nous étions en retard, et la salle était si pleine qu'il nous fut impossible d'entrer.

Notre mauvais génie nous conduisit alors au *Théâtre comique des Associés*, où nous eûmes de la peine à trouver de la place. La chaleur et la mauvaise odeur nous gâtèrent tout plaisir, sans compter le bruit de la foule placée derrière nous et devant la porte, qui nous empêcha d'entendre les quelques bribes de la pièce que nous pouvions saisir.

Le spectacle, d'ailleurs, méritait à peine d'être écouté, et je n'ai pas encore vu, sur les scènes de Paris, une aussi pitoyable représentation. On donnait l'*Honnête homme*, comédie en un acte, pièce banale que je voyais pour la première fois, mais qu'il me semblait connaître par cœur; le *Triomphe de l'amour*, en trois actes, drame larmoyant et de mauvais goût. Jamais on n'a plus tristement célébré la victoire de Cupidon ; enfin les *Etrennes de la Liberté conquise* (2), pièce en

---

(1) *Nicodème dans la lune* ou *la Révolution pacifique*, par le cousin Jacques, opéra-folie en 3 actes. La 1re représentation eut lieu le 6 novembre 1790. Elle eut tant de succès que l'auteur dut paraître sur la scène pour s'incliner devant les spectateurs. Il écrivit une lettre au *Moniteur universel*, le lendemain, pour protester contre cet usage. *Nicodème dans la lune* fut joué plus de 400 fois.

(2) Le 5 janvier 1791 eut lieu, au théâtre de la Nation, la

un acte avec chant, dont la sottise dépassait toute expression. . . . .

Le Palais-Royal présentait, aujourd'hui, un aspect très brillant. Toutes les boutiques étaient illuminées et décorées avec beaucoup de luxe et de goût. Les confiseurs, surtout, avaient disposé leur étalage de la manière la plus engageante, et les passants entraient en foule dans leurs boutiques pour en ressortir chargés de sucreries.

2 *janvier*. — On donnait *Armide* à l'Opéra. C'est un spectacle magnifique et de nature à enivrer vraiment les sens. Je ne dis rien de la musique, n'étant pas connaisseur, mais le nom même de Glück suffit à en garantir l'excellence. Il est impossible de décrire la splendeur des décors, et en particulier la pluie de feu qui, à la fin, tombe du ciel, et au milieu de laquelle Armide s'élève dans les airs en jetant les yeux sur son palais, qui s'abîme dans les flammes. Ce spectacle était vraiment d'une beauté terrible.

Il me reste à faire une remarque qui concerne spécialement nos artistes allemands. Il n'y avait, aujourd'hui, presque personne à l'Opéra, sans doute parce que les *Comédiens de Monsieur* inauguraient leur nouvelle salle, et que l'affluence du public s'y était portée. Malgré cela, le jeu des artistes, danseurs et chanteurs, présentait la

---

première représentation d'une autre pièce de circonstance dont le titre a quelque analogie avec celui-ci : *La liberté conquise ou le Despotisme renversé*, drame en cinq actes et en prose.

même perfection, et ils déployaient le même zèle que devant une salle comble. On ne leur voyait pas ce visage ennuyé qui semble dire : « Aujourd'hui nous ne jouons que parce que nous sommes payés pour cela. »

Au contraire, en Allemagne, quand le public n'est pas suffisamment nombreux, les artistes se hâtent de dépêcher leurs rôles, avec un ennui visible. Ils paraissent n'avoir rien de plus pressé que de s'en aller, et le spectateur partage leur satisfaction de les voir finir. J'ai eu l'occasion de le remarquer souvent, même sur nos premières scènes, et je n'en fais pas mon compliment à ma nation.

3 *janvier*. — Je ne puis demeurer plus longtemps à Paris. J'aurais beau y rester une année tout entière, que je ne m'y sentirais pas chez moi, et hors de chez moi, je ne puis me plaire nulle part. Une foule de petites circonstances, dont chacune prise à part n'a aucune importance, me rendent, quand elles se trouvent réunies, le séjour de Paris insupportable. Il en serait d'ailleurs de même, à mon avis pour toute personne qui a l'habitude de vivre d'une manière régulière, ou plutôt, pourquoi ne pas être sincère jusqu'au bout ? pour quiconque tient, comme moi, quelque peu à ses aises.

1° Je suis accoutumé à me lever, le matin, avant six heures. En Allemagne, je puis déjeuner aussitôt, mais ici, il me faut attendre le bon plaisir du garçon de café ; avant qu'il se lève et qu'il daigne penser à moi, il est déjà huit heures et demie. Je reste donc à jeun pendant trois heures, ce qui est contraire à mes habitudes, et je m'en trouve fort mal.

2° La cheminée ne donne de chaleur qu'autant qu'on est devant, et ne chauffe pas le reste de la chambre. J'aime, au contraire, une chaleur égale, et d'ailleurs le feu toujours allumé me fait mal aux yeux.

3° Bien que ma chambre soit très bien meublée en soie et en acajou, elle est carrelée, ce qui est contraire à ma santé et m'oblige à porter toujours des chaussures chaudes, pour ne pas me refroidir les pieds.

4° Comme on ne se lève, ici, que vers midi, on dîne très tard. Cela est intolérable à quiconque a des habitudes réglées pour l'accomplissement des actes de la vie physique.

5° Après avoir attendu assez longtemps son dîner, on est servi d'une manière pitoyable. C'est à peine si l'on peut manger, sans compter le désagrément de payer son dîner un louis d'or. Moi qui ne veux dépenser qu'un demi-louis, et qui voudrais avoir, pour ce prix, quatre bons plats, je dois me contenter d'un bouillon sans goût, d'un morceau de bouilli si dur qu'on ne peut le couper, d'un ragoût nauséabond et d'un rôti desséché. Si nous ne nous faisions pas servir des pommes de terre tous les jours, nous sortirions de table encore à jeun.

Le vin est aussi mauvais que cher, et quant à l'eau, même filtrée, elle a toujours un goût de lait ; elle est trouble et a une saveur douceâtre.

6° Les lits sont durs comme les bancs d'un corps de garde, et il est dangereux d'être sanguin, car on n'a, sous la tête, qu'un objet burlesque, de forme ronde, qui ressemble aux coussins (1) que l'on met sur nos sophas pour appuyer les bras. Il me faut toujours placer, dessous, mon manteau et ma fourrure pour que la ligne des pieds soit seulement parallèle avec la tête, et éviter l'apoplexie.

7° Les gens qui aiment le sommeil et qui se mettent au lit à dix heures ne peuvent espérer, pour cela, s'endormir en se couchant. Il leur faut, auparavant, s'accoutumer au bruit des voitures qui dure jusqu'à deux heures du matin. Il semble au voyageur qu'on célèbre les jeux olympiques sous ses fenêtres, et que tous les fiacres de Paris s'efforcent à l'envi de gagner le prix.

Voilà pour l'intérieur. Si on se hasarde au dehors, qu'on se prépare à lutter contre un millier d'ennuis.

8° Si l'on va à pied, on patauge dans de la

(1) Les Allemands n'ont ni l'idée, ni même le mot de traversin dans leur langue. Un fonctionnaire civil d'un rang élevé, qui a pris part à l'administration des départements occupés pendant la guerre de 1870, s'étonnait également de trouver dans les lits français cet objet qu'il ne connaissait pas et qu'il ne pouvait que décrire sans le désigner.

boue noirâtre, on se heurte à un tonneau plein d'eau ou à une poissarde, ou à un crieur de nouvelles, ou à une chaise à porteurs ; on est éclaboussé par cent voitures de louage, dévalisé par les mendiants, agacé par les filles de joie, arrêté par les Savoyards, qui veulent à toute force vous vendre quelque chose et croient l'étranger assez bête pour se laisser prendre au titre de milord, et jeter son argent dans la rue. Il faut marcher collé aux murs, et bien prendre son temps pour traverser les carrefours, afin de ne pas être écrasé. Moi qui ne rêve jamais plus à l'aise qu'en marchant, je trouve tout cela insupportable.

9° Si l'on sort en voiture, il faut s'arrêter à tout instant dans les rues étroites et tortueuses, avec cent autres fiacres, prendre la file, et attendre, en se sentant glacé, souvent pendant un quart d'heure et même plus longtemps, que l'encombrement disparaisse et que l'adresse du cocher surmonte tous les obstacles.

Quand on est rendu à destination, le règlement de la course se fait rarement à l'amiable : le cocher affirme toujours avoir fait un quart d'heure ou même une demi-heure de plus qu'on ne lui doit. Ces sortes de gens ne passent pas, on le sait, pour très polis, et le règne nouveau de la liberté est loin d'avoir adouci leurs manières.

10° Un de mes principaux ennuis est le mauvais air qu'on respire à Paris. Lors même que le ciel est bleu et clair, la ville reste toujours enveloppée d'une buée qui permet rarement de distinguer les objets d'un bout de la rue à l'autre. Cette atmosphère constamment chargée vient, en grande partie, des nombreuses gargotes dont la fumée blesse mes yeux et me fait souvent pleurer, même dans ma voiture. C'est au point que l'effet persistant, même après que la cause a disparu, je sens, à présent, que mes yeux ont été sérieusement attaqués pendant mon séjour à Paris.

11° L'insupportable égoïsme des hommes m'accable (*sic*).

12° Enfin, si l'on n'y prend garde, on est partout et constamment volé. Cette tromperie perpétuelle est si effrontée, que le profond mépris qu'elle inspire finit par causer un sentiment d'oppression intolérable.

Je dois, à ce propos, rapporter ici une anecdote assez plaisante. On m'avait offert, au Palais-Royal, de me vendre une petite chienne épagneule. Mon chien, souvenir de ma chère femme Frédérique, s'ennuyant souvent à l'hôtel parce que je ne pouvais l'emmener partout avec moi, j'avais résolu de lui donner une compagne, en lui amenant la petite épagneule parisienne. Cette bête avait le poil d'une belle couleur noire, mais, peu à peu, il commença à devenir plus clair, puis tourna au jaune, et finit par se transformer en un pelage entièrement blanc.

Bref, l'animal était teint. Cela m'était fort égal, car je ne tenais pas à la couleur, pas plus d'ailleurs que le compagnon à qui la chienne était destinée. Mais c'était encore là une petite tromperie véritablement déplorable.

Voilà les douze raisons qui me rendent, chaque jour, le séjour de Paris intolérable, et quand, ce matin, je les eus toutes repassées en moi-même, je me décidai tout à coup à partir.

Mais comment quitter Paris sans avoir assisté à une séance de l'Assemblée nationale ? L'abbé de R... m'avait, il est vrai, promis des billets, mais comme tous ses compatriotes, il nous a leurrés de belles paroles, qu'il n'a pas tenues, tout en nous empêchant, jusqu'ici, de trouver des billets ailleurs. Heureusement, on se procure tout, ici, pour de l'argent, et la vente des entrées à l'Assemblée nationale fait l'objet d'un important commerce. Il est impossible que les représentants de la nation n'en aient pas connaissance ; pour leur honneur, ils ne devraient pas le tolérer. Notre domestique nous procura donc très rapidement deux billets, à raison de trois livres pièce.

Nous dûmes descendre de voiture à une assez grande distance de l'ancien manège des Tuileries, qui sert aujourd'hui de salle des séances, et traverser deux ou trois cours. On nous fit quitter nos chaussures dans la boue, à l'entrée de l'une d'elles ; l'autre était pleine de flaques d'eau, sur lesquelles un ou deux Savoyards avaient jeté des planches ; on leur donnait ce qu'on voulait pour traverser.

Ils avaient peut-être inondé la cour eux-mêmes, dans cette intention. Tout cela n'était pas destiné à me donner une haute idée des 1 200 Majestés.

Nous approchâmes enfin de la salle, et déjà la liberté nouvelle résonnait bruyamment à nos oreilles, car, à douze cents pas, au moins, de l'escalier, des bruits de rire populacier parvinrent jusqu'à nous.

On nous conduisit à une tribune déjà occupée par le public placé sur trois rangs, en sorte que, malgré nos six livres, nous ne pûmes trouver une place commode.

La salle est très vaste ; des deux côtés, dans le sens de la longueur, s'élèvent des rangées de bancs en amphithéâtre, sur lesquels sont assis les députés. Beaucoup d'entre eux circulaient à leur fantaisie, ou se tenaient debout, dans le passage du milieu, courant çà et là, avec des tablettes à écrire dans les mains, et, de temps en temps, traçant un mot ou deux.

Les débats étaient aujourd'hui fort animés. Un jeune député de la gauche déclamait contre les prêtres et parlait d'un ecclésiastique qui avait mis à son serment constitutionnel la même restriction que l'évêque de Lydda (1).

---

(1) La séance à laquelle assista Kotzebue est celle du 3 janvier 1791, dans laquelle on délibéra sur la procédure à suivre,

A ces mots, il s'éleva un bruit formidable; dans le désordre général, chacun criait, plaisantait, disait des *bons mots* (1) et riait de la manière la plus indécente. Ces rires populaciers, si souvent répétés, me semblaient indignes de la majesté de l'Assemblée nationale, et j'avoue que, si j'avais été l'un de ses membres, devant ces plaisanteries et ces rires, j'aurais quitté la salle,

---

devant les jurés. Mais cette discussion, d'un caractère technique fut interrompue par un incident que le *Moniteur universel* rapporte en ces termes :

M. Lavie : « Hier, M. l'évêque de Lydda, avant de prêter le serment civique, a fait un discours que quelques personnes ont pris pour une restriction. Je lui demande de s'expliquer à ce sujet. »

M. l'évêque de Lydda : « Je n'ai pas eu d'autre intention que de déclarer, aux ecclésiastiques de mon diocèse, que l'intention de l'Assemblée n'a pas été de blesser les droits spirituels de l'Église. J'émets donc le vœu que mon serment soit rendu public. » (On applaudit.)

La déclaration à laquelle il est fait allusion ici avait été formulée en ces termes dans la séance du 2 janvier par l'évêque de Lydda :

« Une altération de santé qui m'a retenu à la chambre, m'a empêché de venir plus tôt m'acquitter d'un devoir que je m'empresse de remplir. *Persuadé que l'Assemblée nationale ne veut pas nous obliger par ses décrets à faire quelque chose de contraire à la juridiction spirituelle en ce qui concerne le salut des fidèles*, je demande à prêter le serment que l'Assemblée a ordonné par son décret du 27 novembre. » (M. l'évêque de Lydda prononce la formule de son serment au milieu des applaudissement réitérés).

L'évêque de Lydda, *in partibus*, était le fameux Gobel, alors député des bailliages de Belfort et de Huningue, et suffragant du diocèse de Bâle. Il fut, avec Talleyrand, le seul évêque, député à la Constituante, qui prêta le serment constitutionnel.

(1) En français dans le texte.

ce que je fis, du reste, bien que simple spectateur.

D'ailleurs, une fois qu'on eut décrété que les ecclésiastiques devaient prêter serment sans aucune restriction, et statué sur la manière dont il serait procédé à l'audition des témoins dans les instructions judiciaires, rien n'était plus de nature à m'intéresser. J'étais entré dans l'attente d'un spectacle imposant, et je sortis très désillusionné.

Cette après-midi, nous avons fait nos malles, ce qui nous a pris tant de temps que nous n'avons pu trouver de place à l'Opéra, que nous voulions voir une dernière fois. Nous allâmes au *Théâtre de la Nation* où l'on jouait *Turcaret*.

C'est une pièce étincelante d'esprit, et la manière dont elle était représentée m'a convaincu que, pour la comédie, les auteurs français n'ont de rivaux chez aucune nation.

Je ne veux pas oublier de consigner, ici, une anecdote que je tiens de bonne source et qui m'a été racontée cette après-midi.

Quand, au nouvel an, le duc d'Orléans est allé à la cour, pendant qu'il se chauffait devant la cheminée, un des courtisans a dit, assez haut pour être entendu par le prince : « Que fait donc ici ce Ravaillac ? » Le duc a eu la prudence de ne pas paraître avoir compris.

4 *janvier*. — Nous avons quitté Paris, ce

matin, dans la fameuse diligence qui nous y avait amenés. Mais cette fois je me suis presque réconcilié avec ce mode de transport. Nous n'avions, pour unique compagnon de voyage qu'un libraire, qui allait à Saint-Pétersbourg. C'était un homme très tranquille et qui ne nous a été aucunement à charge. Nous étions bien assis et nous pouvions nous étendre à volonté, ouvrir ou fermer les fenêtres comme bon nous semblait. Nous n'avions à écouter ni plaisanteries déplacées, ni conversations banales, et le temps était superbe. Tout cela nous mit en meilleure humeur que lors de notre premier voyage, et nous donna le courage de supporter les autres incommodités auxquelles il fallait bien nous résigner.

Au bout d'une heure, environ, après notre départ, quand nous recommençâmes à respirer un air qui n'était plus souillé par la fumée de Paris, je sentis un poids de moins sur ma poitrine. Jamais mes impressions n'ont été si douces, quand elles n'étaient pas joyeuses, que pendant les deux premiers jours de ce voyage. Nous côtoyions constamment, aux chauds rayons d'un soleil printanier, les bords de la Marne si fleuris, si bien cultivés, si charmants que je m'étonne de voir que cette contrée n'a pas produit des quantités de poètes idylliques (1).

(1) Elle a donné naissance tout au moins à Lafontaine, le seul écrivain du règne de Louis XIV qui ait paru se douter de l'existence de la nature.

Je laissai tout le temps la fenêtre ouverte et, les yeux constamment fixés sur cette belle et aimable nature, j'ai beaucoup senti et peu pensé Merci à toi, honnête libraire, d'avoir si bien dormi et si peu parlé !

En revenant, nous passâmes par Sainte-Menehould, et nous arrivâmes à Metz le 7 janvier. J'allai au théâtre, qui doit être un des meilleurs des villes de province françaises ; la salle est très belle, mais le reste ne me parut pas digne de l'édifice.

Nous prîmes, à Metz, pour nous conduire à Mayence, un cocher de louage, qui parlait un mauvais allemand, ou plutôt le patois lorrain. Le pauvre diable, à qui la liberté tournait un peu la tête, faillit en devenir le martyr en Allemagne, car mes braves compatriotes sont dévoués à leurs princes corps et âme, lorsque ceux-ci le méritent.

Tel est le cas du prince de Leiningen. Notre cocher en parla irrévérencieusement dans une auberge, parce que, disait-il, on l'obligeait à payer des droits pour une route (1) qui n'existait pas. Il est vrai qu'en Allemagne, les droits de transit sur les chemins donnent lieu à beaucoup d'abus, mais cet homme aurait pu en parler moins vivement. Aussi faillit-il lui arriver

---

(1) Le *Chausseegeld*, ou droit de péage sur les routes, existait alors généralement en Allemagne.

malheur. L'hôtelier, qui était un brave homme, parut d'abord ne pas faire attention à ces propos, mais son fils, qui avait le caractère vif, prit la chose de travers, et s'emporta à la fois contre la nation française tout entière, et contre un de ses citoyens, le cocher qui nous conduisait.

En entendant cela, le père s'échauffa à son tour, et prit part à la dispute. Le cocher avait beau faire des excuses et déclarer que tout ce qu'il avait dit n'était qu'une plaisanterie, le père et le fils se préparaient à la lui faire payer cher. Il ne fut pas facile de les apaiser. Sans notre intervention, tous deux auraient mis leur adversaire hors d'état de conduire sa voiture, de trois jours.

Je parie qu'en revenant chez lui, il a dû dire : « *Ces b..... d'Allemands, il ne vaut pas la peine, leur prêcher la liberté ! (sic)* (1). »

Le 12 janvier, nous arrivâmes enfin à Mayence.

---

(1) En français dans le texte.

IMPRIMERIE E. CAPIOMONT ET Cie

PARIS
6, RUE DES POITEVINS, 6
(Ancien Hôtel de Thou)

NOUVELLE REVUE RÉTROSPECTIVE

MATIÈRES DU TOME I

ABONNEMENTS

Les ABONNEMENTS partent de Janvier et de Juillet. Un an : France, 10 fr. Étranger, 11 fr. — La *Revue* paraît le 10 de chaque mois. Prix du numéro : 1 franc.

Le prix, réduit pour MM. les Abonnés, de la collection des vingt volumes de la *Revue rétrospective* (1884-1894), est porté, depuis le 10 février 1895, à 84 francs au lieu de 89. (Envois *franco*.)

Paris. — Imp. E. CAPIOMONT et Cie, rue des Poitevins, 6.

www.ingramcontent.com/pod-product-compliance
Lightning Source LLC
LaVergne TN
LVHW021719230826
846091LV00003BA/974